父母教练 | Parenting
推动摇篮的手推动世界

常青藤爸爸 对话 语文特级教师

每个孩子都能学好语文

李怀源　常青藤爸爸 ◎ 著

长江出版传媒　长江少年儿童出版社

序

"教育改变命运"是我一直以来深信不疑的一句话。我从三线小城市一个平凡的、父母都没有上过大学的家庭起步，到耶鲁读工商管理硕士，到世界排名第一的投资银行高盛公司工作，再到创办目前已有百万粉丝的"常青藤爸爸"公众号，又到现在于哈佛大学就读教育学硕士，不敢说自己的成就有多大，但一路上的确看到了很多类似出身的同龄人所没有看到的风景，人生也因此变得更加丰富多彩。这一切，我觉得都要归功于家庭教育在学前和小学阶段对我的影响。

回顾成长之路，我觉得小学六年学习打的底子，至关重要。我的阅读习惯基本上是在小学时期培养起来的。虽然当时家里经济条件一般，但父母订阅的报刊、杂志数量之多，在同龄人的家庭里是很罕见的。而对于我的写作训练，最关键的时期也是在小学阶段。每周，老师都会布置一篇作文，而我妈妈会很用心地在周末审阅我的作文，写得不好的地方要修改到她满意为止。如果是文章结构或立意不行，整篇文章就要推倒重写。我的阅读和写作能力在这样的家庭教育环境下得到了很好的锻炼，语文成绩从小学到高中都是名列前茅，高考前几乎没花时间复习语文，也获得了全市前三的成绩。回头想想，我父母在我上小学高年级以后，几乎没管过我的学业，所有管教的精力，都花在小学中低年级，因为那段时间正是形成好的学习习惯，打下好的阅读、写作基础，培养数感逻辑的关键时期。

一转眼，我的孩子也快要上小学了，我突然感到有点惶恐。一直以来，我都致力于推广幼儿英语启蒙的理念，我对如何让孩子在快乐中自然习得英语，有很好的理论基础和亲身的实战经验——我的儿子在5岁的时候，经权威系统评测，英语阅读能力已经接近美国小学生二年级初的平均水平。而我从不"鸡娃"，所有启蒙都是在快乐的亲子陪伴中完成（具体方法请参考我的另一本书《别错过孩子英语学习敏感期》）。但是说到语文和数学这两个"主科"，我有点儿手足无措了，不知道该如何陪孩子度过这小学六年，才能帮他打好基础。我上小学已经是三十年前的事了，现在的小学语文和数学教什么，对学生有什么要求，老师的教学理念有什么样的变化，作为家长该如何在家"助攻"以全面提升孩子的语文和数学素养（而不只是提分),我统统都不清楚!

  我相信,和我一样感到惶恐的家长大有人在。毕竟,教育是不可逆的,这六年的时光,荒废了就不会再回来——这也是广大父母焦虑的主要原因之一。"常青藤爸爸"公众号创立以来,在教育界树立了很好的口碑,也积累了很多一般父母很少能接触到的资源,我们能做点什么来缓解广大父母的焦虑呢?

  机缘巧合,在一年前我先后认识了原清华附小商务中心区实验小学执行校长、著名语文特级教师李怀源老师和芳草地国际学校副校长(原史家小学副校长)、著名数学特级教师陈凤伟老师。他们在"常青藤爸爸"公众号上各做了一期关于"语文启蒙"和"数学启蒙"相关话题的直播节目,反响非常强烈。两位老师开阔的视野、先进的教育理念、多年在一线的教学经验让他们能深入浅出地把学龄前、幼小衔接及小学阶段的重点问题讲得一清二楚,让许多家长茅塞顿开,当然也包括我在内。我在直播的时候,由衷地对两位老师说:孩子能有你们这样的老师,真的是三生有幸。

  直播结束后,我就向两位老师再次发出邀请,希望他们能倾囊相授,把他们先进的教育理念和更多的家长分享。"这是一件功德无量的事！"我这么对他们说，也是这么相信的。

于是，我们用了近半年的时间，分别和李怀源老师、陈凤伟老师做了多次对谈，针对学前和小学期间语文、数学两门学科的学习特点、重点，以及各阶段孩子、家长普遍会遇到的问题，进行了详尽的梳理和解答。

这套书，不只是讲"术"的问题，更有"道"的讨论。因为每个孩子天生不同，育儿除了要学习实际的操作（"术"），更要学习更深层次的理念（"道"），才能更好地针对每个孩子的情况调整方法。

两位老师多年的教学经验，让他们对教育有着自己独到的理解，所以他们对"道"的讨论，也贯穿整本书。比如，什么叫启蒙？李怀源老师说："蒙就是蒙昧，我们（教育者）所做的启蒙是指能够去除蒙昧——使孩子明白。孩子在生活中联系自我经历无意中就学会、领悟了的知识的深入性和持久性，这都是书本学习无法达到的。"教育的价值是什么？陈凤伟老师认为："教育的价值就是要唤醒每一个孩子心中的潜能，帮助他们找到隐藏在内心深处的特殊使命，那件未开启但注定要做成的事！"两位老师在各个问题的回答中蕴藏的理念，都在提醒我们回归教育的本质：教育是人的灵魂的教育，而非理性知识的堆积(雅斯贝尔斯:《什么是教育》)。

所以,千万别把这套书当成孩子的"提分宝典",而应把它当成陪伴孩子度过小学六年的指引。

教育不可逆,时光不复还。这套书里的对谈内容,凝结了老师们数十年的宝贵经验和从中感悟出的先进教育理念。希望这套书能够惠及更多家长和孩子们,让我们从"启蒙"开始,就沿循一条正确的轨迹,在孩子读小学这六年,帮其打下一生受用的良好基础。

房爸

于哈佛大学教育学院 Gutman Library

2018 年 11 月 24 日

序 / 005
前 言 / 014

PART 01　谈谈语文启蒙

第一章：语文启蒙是什么？／ 020
语文启蒙应当是语言与思维的融合 / 021
语文开启孩子认知世界的大门 / 036

PART 02　0~5岁：家庭语文启蒙

第二章：每个孩子都需要语文启蒙 ／ 046
语文启蒙也有关键时期？ / 047
语文启蒙的重点是让孩子学会表达对这个世界的认知 / 048
学龄前的孩子最需要的语文启蒙到底是什么？ / 052

第三章：家庭语文启蒙应该怎么做？ ／ 055
古人是怎么进行语文启蒙的？哪些值得我们借鉴？ / 056
需要让孩子背诵《三字经》《千字文》等蒙学经典吗？ / 061
让孩子背诵优秀古诗词的意义是什么？ / 067
学习古诗词只需要背诵就可以吗，需不需要讲解？ / 068

孩子从小背了很多古诗词，但是时间长了就全忘了，
该怎么办呢？／070

孩子的方言口音需要纠正吗？／073

第四章：学好语文，先让孩子爱上阅读 ／077

什么是好的儿童读物？／078

应该让孩子多读什么类型的书？／081

怎样给孩子选书？／085

如何让孩子爱上阅读？／091

亲子阅读时，孩子总爱走神怎么办？／097

怎样用绘本给孩子进行语文启蒙？／099

第五章：识字的正确方式 ／103

读绘本的时候给孩子点读认字好吗？／104

句子里的字都认识，单拿出来就不认识了怎么办？／106

怎样教孩子识字才能高效而有趣？／109

PART 03　5~6岁：幼小衔接的语文启蒙

第六章：幼小衔接的语文学习 ／114

听说能力是幼小衔接的核心 ／115

到底要不要让孩子去上学前班？／118

第七章：关于识字、写字的迷思 ／124

学前阶段识字、写字是不是必须要提上日程了？／125

信息时代，书写还有那么重要吗？／127

第八章：关于拼音学习的疑问 ／ 131

家长需要教学龄前的孩子学拼音吗？／ 132
英文自然拼读与拼音混淆了怎么办？／ 133

第九章：听音频学语文 & 自主阅读 ／ 136

听音频：孩子学习语文的新途径，但不能替代阅读 ／ 137
怎样让孩子逐步过渡到自主阅读？／ 141

PART 04　6~12 岁：小学阶段的语文学习

第十章：小学一至六年级语文学习的重点 ／ 150

一二年级：识字、写字和朗读 ／ 151
三四年级：阅读、习作与"三年级现象"／ 159
五六年级：注重对孩子思维深度和表达能力的培养 ／ 167

第十一章：怎么看语文学得好不好？ ／ 171

语文学得好的孩子跟学得差的孩子比，优势在哪里？／ 172
语文学不好，对其他学科有影响吗？／ 175

第十二章：孩子上小学后，那些让家长头疼的问题 ／ 179

孩子写作业错别字多，教多少遍都不会，怎么办？／ 180
孩子写字速度特别慢，如何提高写字速度呢？／ 187
古诗词和文言文的学习怎么辅导？／ 189
孩子口头表达能力差，怎么办？／ 192

第十三章：作文、作文还是作文，怎样才能写好作文？ ／ 199

孩子看了很多书，但是作文还是写不好，该怎么办？ / 200
孩子写作文总是跑题怎么办？ / 204
有没有必要引导孩子写读书笔记和读后感？ / 209

第十四章：小学阶段的多样化阅读 / 214

孩子不爱读经典怎么办？ / 215
数字阅读与纸质阅读应该如何平衡？ / 219
语文学习需要上课外辅导班吗？ / 222

PART 05　语文改革的方向

第十五章：从传统语文的碎片化学习向现代语文的整体化学习转变 / 226

什么是语文整体教学？ / 227
面对这样的学科改革，家长该如何应对？ / 238

附录一：语文学习路线图（家长手册）／ 244

附录二：小学"读整本书"推荐书目 ／ 250

附录三：小学优秀诗文背诵推荐篇目 ／ 256

如果您和孩子有更多关于语文学习方面的疑问，您可以通过微信扫码向老师提问。在页面中留下您的问题，老师会酌情进行解答哦！

前言
启蒙的力量

不知从何时开始,"得语文者得天下"这句话,忽然就流行起来了。

在我小的时候,"学好数理化,走遍天下都不怕"一下子就打败了中国几千年"读圣贤书,做读书人"的传统。后来就是"世界这么大,学好英文走天下"。再后来,更有"误尽苍生是语文"的大讨论。在曾经的一段时间里,全社会,从学校到家庭都不重视语文学习。

现在,怎么大家又开始关注语文的学习了呢?这和当下高考试题的命题方向改变有一定的关系。在如今的高考中,其他学科的区分度越来越小,成绩拉不开距离,而语文的区分度却越来越大,在升学方面的确可以说是"得语文者得天下"。

为什么会有如此大的差距呢?因为过去的语文考试是一种接近标准化的考试,答案基本是唯一的,学生靠死记硬背就能够做对多数题目,通过多次操练就能够提高答题速度和准确率。而现在的语文高考题目多数是以阅读为主,需要真正的阅读能力,而这种阅读能力只靠简单的机械训练是不容易达成的。所以,能力高低可以通过考试轻易区分开来,语文成绩忽然能够分出高下了,学校和家长就不得不重视了。

不止于高考成绩,国家现在提出文化自信,如果中国的学生不了解中国的文化,又怎么能够有自信?

除此之外,语文对一个人的一生究竟有哪些影响?《普通高中语文课程标准(2017年版)》把语文核心素养分为:语言建构与运用,思维发展与提升,审美鉴赏与创造,文化传承与理解。可以说,语文在人的语言、思维、审美、文化四个方面都起到了独特的作用。

"我的语言的界限意味着世界的界限",这是哲学家维特根斯坦的名言。这句话告诉我们,能够用语言描述的世界才是我们能够感知到的世界,语言的水平决定了一个人世界的疆界。一名中国学生不能很好地使用汉语精准表达,他的世界势必是模糊的。"两句三年得,一吟双泪流""吟安一个字,捻断数茎须""为人性僻耽佳句,语不惊人死不休",这是中国的读书人对于内心世界精准表达的境界追求。

对成人来说，语文学习非常重要，对孩子来说更是如此。语文的启蒙能够帮助孩子构建自己的语言世界，给孩子更多的语言形式。"行成于思，毁于随"，语文的启蒙有助于思维的发展。思维不只在于深度，也在于角度，通过语言材料让孩子产生很多人生的思考，是为他们未来行为习惯、道德观念、价值意义的形成打下基础。语文的启蒙还能把"美"的种子植入学生心中，语言所描述的世界，有真实的世界，但更多是想象的世界，是把现实折射给人看，孩子在阅读体验中，能够受到美的熏陶与感染。语文的启蒙，把中华文化的基因植入孩子的心中。民族的记忆体现在行为中，也在不同的文字作品中，汉字的构字方式、汉语的表达方式，都是文化的存在形式，让孩子充分接触这些文化承载物，深入理解汉字、汉语，就是对中华民族传统文化的传承。

启蒙的意义是长久的，是百年大计。启蒙的正确方式是把一个个文化的"黑匣子"打开，展现在孩子面前，让他们能够看到真相，也看到开启的方式，然后让他们自己学习去操作。

启蒙的受益者是孩子，所以孩子应该成为经验的主体，而不是被动的"听讲者"。

Preface 前言

我们做的这本书，是以现实中很多问题为着力点，进行了一些探讨。问题的提出，是从家长的角度；问题的回答，是从多个角度。希望能够带给家长朋友一些思考，并不是给出一些非此即彼的道路指引。

从很多问题来看，家长对孩子的语文学习是充满焦虑的，焦虑的背后是对新时代语文学习的迷茫。此时的迷茫，才会造就未来的清朗。作为新时代的家长，要思考，也要参与，才能够和孩子一起进步，只是"躺"在旧观念里，是不会对孩子的学习有帮助的。

坚持正确的方向，学会等待，更要学会帮助，才能够真正为孩子的语文学习打下坚实的基础。让我们共同期盼，中国所有的孩子能够在适当的年龄以最好的方式学习语文，中华民族未来能够以自己的方式卓立于世界民族之林，那时才是真正的"得天下"。

李怀源

2018年8月10日于清华大学南五楼

谈谈语文启蒙

第一章
语文启蒙是什么?

语文启蒙,除了让孩子掌握语言表达的技能外,更重要的是要让孩子明白这些语言背后的思想。

语文启蒙应当是语言与思维的融合

▼

常爸："启蒙"这两个字本身是一个很大的话题,说起启蒙,我觉得大方向就是家长教孩子认识世界,但是具体到某个学科,就有不同的认识了,比如英语启蒙,我们家长追求的不仅仅是让孩子机械地识记英语单词,而是怎样像学习母语一样习得英语。那么汉语作为我们的母语,还需要启蒙吗?

而且,语文的启蒙并不只是让孩子识字、背诗和学拼音。李老师,您作为名校的一线语文老师,能给我们谈谈语文启蒙这个问题到底该怎样理解吗?

李老师:我们现在要讲的"启蒙"不是教给孩子一门手艺、一项技能,而是要开导蒙昧,使之明白事理,它应当是技能和思想的融合。我先谈谈"启蒙"这个词,这个词有很多不同的解释,首先有"教知识"或者"入门"这样的意思。比如,对于古代某些做手艺活儿的工匠来说,"启蒙者"其实就是最初教徒弟这项手艺的"师傅",这个意思沿用到了今天,不管是游泳还是长跑,那位最初教你的教练就叫启蒙老师。

而语文启蒙,除了让孩子掌握语言表达的技能外,更重要的是要让孩子明白这些语言背后的思想。举个例子,很多孩子喜欢玩语言游戏,比如读童谣。我们有这样一个关于年俗的童谣:

> 小孩小孩你别馋,
> 过了腊八就是年。
> 腊八粥,喝几天,
> 哩哩啦啦二十三。
> 二十三,糖瓜粘;
> 二十四,扫房子。
> 二十五,磨豆腐;
> 二十六,去买肉。
> 二十七,宰公鸡;
> 二十八,把面发。
> 二十九,蒸馒头;
> 三十晚上熬一宿,
> 初一初二满街走。

我们为什么用这样的童谣给孩子进行语文启蒙呢？因为，读这种重复的、音韵和谐的童谣对孩子来说是他之前所不具备的一个全新技能，非常有吸引力，孩子愿意学这种朗朗上口的语言。而童谣又是前人总结出来的，这些语言背后是有思想的，传达的是民族的传统文化。这就做到了语言技能和思想的结合，这才是我们想说的启蒙。

常爸： 按照您上面的定义，其实我们可以把语文启蒙理解成"语言"和"思维"两个方面，对吗？

李老师： 可以这样理解，语言和思维实际上构成了语文启蒙的两个非常重要的点。因为你得先让孩子听得懂你说的话，然后再让他去理解你所说的话背后的含义，而语言和思维也不是孤立的，它们之间是有联系的。

语言方面我们要了解的是语言的结构是如何构建的、每一句话之间的逻辑关系是什么、语言是怎样来表达思想的，思维主要是看作者是怎样想的。

叶圣陶①先生说过："看整篇文章，要看明白作者的思路②。"也就是说，我们读一首诗、看一篇文章，应该多想想创作这首诗、这篇文章的作者是怎么想的，不能只是读完后知道了一个故事、明白了一个道理这么简单，我们应该思考作者是怎么想的、他为什么这么想、他是怎样一步一步把自己的思想表达出来的。

常爸：这个过程就相当于复现作者当时的创作过程，这个环节需要了解创作背景、思路甚至作者当时的处境，只有对这些环节进行充分的了解之后，才能更加深刻地理解作者想要表达的思想感情。

李老师：是的，充分了解了作者的思想、逻辑和表达方式，我们就可以进入下一环节：用自己的语言表达出来。这

---

①叶圣陶：中国现代著名作家、教育家。他是"五四"运动后首个新文学社团文学研究会的创立人之一，终身致力于出版及语文的教学。其座右铭"文学为人生"甚为有名。他对改进现代中文教育有重要影响，给中文教育引入了一个全新的观念。"教是为了不教，应当教给学生学习的方法，而不是长期详细的灌输书本知识。"这一观点冲破了习惯于强烈依赖记忆和灌输的传统语文教学观念。
②叶圣陶.认真学习语文[M]//叶圣陶.叶圣陶语文教育论集.北京：教育科学出版社，2015:107.

就是我们经常说的把别人的东西变成自己的东西——表达个人的观点。

奥地利著名哲学家维特根斯坦曾经说过："我的语言的界限意味着世界的界限[③]。"这句话很直白地阐述了语言和思维的直接关系：**第一，当我们无法用自己的语言来描述我们的感受时，实际上我们的视界是受限的；第二，我们能够用语言描述的就是我们已知的，我们未知的是我们没有办法描述的。**

也就是说，如果我们不能用自己的语言描述某个事物，那么我们就没有真正认识这个事物。如果没有做到真正认识这个事物，也就无法做到用语言精确描述。

说到认识一个事物，就要讲一下直接经验和间接经验的问题了。直接经验是指自己亲身参加实践获得的认知，是一种直接的感受，比如我们吃一种食物，尝到了这个东西的味道，获得了"我知道这个东西的滋味"的认知，但是如果我们的语言匮乏，说不出来这个"滋味"，那么别人就可以假设我们是囫囵吞枣，并没有真正品尝到这个东西的滋味。

---

③ 陈嘉映.维特根斯坦读本[M].1版.上海：世纪出版集团·上海人民出版社，2015:84.

常爸：很有意思的理论，就像我们去一个地方旅游，别人问那个地方怎么样、好不好玩，如果我们只是说"好玩"，但是并没有用更多的语言去描述这个地方的美景和趣闻，即使我们内心认为这个地方真的是自己去过的最好玩的地方，但别人很可能还是觉得这个地方没有给我们留下很深刻的印象，并不是一个很好玩的地方。

李老师：没错，就是这个道理。所以即使是自己的直接经验，也要转化成绘声绘色的语言才能让认识更加深刻。

另一种认识来自间接经验。间接经验是指从书本或别人那里得来的知识，这样的知识不是背诵了、记住了就可以了，还要学会运用。把间接经验和自己的直接经验相结合，实际上就是**用别人的语言来描述我们的世界**。

举个例子，当我们登上泰山，站在山顶看周围的群山，我们的感觉不也是"会当凌绝顶，一览众山小"吗？虽然我们用的是杜甫的诗句，但是当我们站在泰山上时，这句话就不是杜甫的了，它已经变成我们自己的了。因为当面对这样的大好河山时，我们和大诗人一样感受到了震撼，所以这句诗用在这里恰如其分。这样思想认识和语言表述就达到了天衣无缝的融合，这样就是把别人的语言变成了自己的语言。

这就是我们要在语文启蒙中强调运用的原因。让孩子背诵别人的东西，那只是积累，这些积累如果不能和孩子的世界建立直接的联系，那么对孩子思想和认识的影响都是有限的，有时候甚至是有限制的，这是我们说的"读死书"。

常爸： 我把您刚才所说的简单总结一下吧！语言和思维是相互促进的，语言能精准表达思维，而思维让语言表达更精确；另外，我们的认知来自直接经验和间接经验，不管是哪种经验获得的认知都需要内化为自己的思想，然后再用准确的语言表达出自己想要表达的意思。是这样的吧？

李老师： 是的，语言的发展和思维的发展是相互促进的。语言的发展不是静态的，不是孩子学会说话了就完事了，而是要向前发展的。最初，小孩子进行的是口头语的学习，在6岁之前基本上就完成了。那么，从6岁开始到12岁，主要学习的是书面语的表达。我提倡孩子使用书面语进行语言表达，因为书面语的表达会促进孩子的语言发展，从而也会促进思维的发展。

书面语是书本当中出现的比较规范的语言，包括中国千百年来流传下来的成语、古诗词、文言文，而这些是我们在口头语中不太常用到的。

举个很简单的例子，孩子从幼儿园升入小学，刚刚入学的时候，去洗手间这件小事，他会有很多表述："我要去尿尿""我要去便便"……但是我们的老师要教孩子说"我要去洗手间"，这是成人世界里经常用的一个词语，也是书面表达中比较规范的用法。

随着孩子年龄的增长，应当适时地给孩子增加书面语的词汇，这是语言学习中非常重要的一点。不仅要在写作文时用书面语，在平时的生活中，也应当灵活地运用这些书面语。在生活中用这些词汇，不但能提升孩子语言的水平，而且非常传神的词语可以让孩子精准地表达自己的感受。

举个例子大家就明白了：我们夏天出去旅游，走了很长的路，非常口渴，突然看到一个卖水的地方，买了一瓶水，赶紧打开，一口喝下去，很多人会说："啊！太爽了！"；走

第一章
语文启蒙是什么？

到一个鲜花满园的地方，吸了一口气也说："啊，太香了！"；听到美妙的音乐——"哎呀，太好听了！"；吃到美味的食物——"太好吃了！"；玩一个新鲜的游戏——"太好玩了！"……这些都是生活中很常见的用口头语泛化的表达，用一个"好"字能表达自己的感受吗？当然可以，但是还远远不够。因为食物的好、音乐的好、美景的好，是不同类型的"好"，只用这一个词来表达感受，这实际上反映的是我们语言的匮乏。

如果你用"沁人心脾"来描述口渴难耐时喝下凉爽饮料的快感，用"满园春色杏花红"来说明看到鲜花满园的喜悦，用"余音绕梁，三日不绝"形容听到悦耳曲调的美妙，那又当是一种什么样的感觉呢？那是一种你不说"好"，大家也能感受到的好！而当你用了这样的词汇来表达时，也说明你的感受在不断细腻、敏锐，你的思维在深刻化，而这种细腻和深刻是非常重要的思维品质，因此，我提倡孩子学习书面语。

Q 常爸：书面语这个问题让我想到了在我的孩子身上发生的事情。我的孩子现在四岁多，有时我感觉他说出的话有些不像小孩子的话，比如天气很好，他会说："今天阳光明媚"；说"大人"这个词时，他经常会用"成人"来代替……我觉得那么小的孩子，说话文绉绉的，这种现象好吗？

A 李老师：这种现象很好！孩子是在学习使用他所认为的有"新鲜感"的词语。要理解这个问题我们还要搞清楚<u>阅读的本质：发展孩子的语言和思维</u>。启蒙阶段的阅读不应当以获取知识为主要目的，而应该是通过阅读去思考、去认识更多的语言现象和语言规律。

家长给孩子讲绘本，其实是在营造一种语境，通过这个语境，孩子其实可以自己学习语言、发展思维。举个例子，你拿了一本讲读书的绘本，上面每一页都画着一只爱读书的小熊，这只小熊不管走到哪里都拿着一本书，那么当你在最后一页读到"手不释卷的小熊"时，孩子很轻松地就理解了"手不释卷"这个成语的含义。但是家长可能并不理解这个过程，因为"手不释卷"对我们来说不是新词，不会影响我们的认知，也没有任何挑战，可对孩子来说这个词语却是全新的，当他努力识别后理解了、内化了，他就会尝试着拿出来用。长此以往，孩子学习的书面语越来越多，和这个世界对接的部分就会越来越多。

常爸：如果孩子爱用书面语说话，我们应该多加鼓励。

李老师：是的，一定要鼓励孩子用书面词汇，因为书面语的词汇是经过锤炼的，学会用这些词汇是孩子们思维不断深入的一个表现。但我不鼓励在读绘本的过程中过分给孩子强调学习词汇、解释过多，这会影响孩子的阅读速度和阅读的整体性。孩子不是被动的接受者，他能够在语境中学习就可以了，即使有时候理解不是很准确，这也没有关系。任何事情都不能矫枉过正。

Q 常爸：我们知道，0~6岁是孩子语言和思维发展很重要的阶段，您能详细跟我们说说吗？

A 李老师：这个阶段分为0~3岁和4~6岁这两个比较明显的发展阶段。0~3岁的孩子对自己生活中的语言特别敏感，4~6岁的孩子对书本中的语言比较敏感。

为什么有这个年龄差别呢？因为任何一个生理和心智正常的孩子，3岁之前基本上就把生活中的常用词汇学会了。不管家长的水平有多高，三年的时间，你该说的话已经说了无数次了，孩子都懂了，对他来说这些词汇已经没有挑战也没有明显的刺激作用了。这个时候，就需要强调阅读了，无论是亲子共读还是让孩子独立阅读，目的都是用别人的语言代替我们的语言，用不同人的思想来影响我们的孩子，给孩子新的词汇和新的思想。

Q 常爸：其实和语文启蒙一样，英语启蒙也存在敏感期，比如1岁之前是孩子分辨语言发音微妙差别的敏感期、7岁之前是内化语法结构的敏感期，启蒙越晚，口音的问题就会越严重。

第一章
语文启蒙是什么？

李老师：是的，无论是学习母语还是第二语言，都有不可错过的关键阶段，一旦错过，再想补偿也许要花上好几倍的精力才能达到敏感期轻松就能达到的效果。

大家都知道，其实孩子刚出生时大脑的神经元④就像是一个个孤立的城市，这些城市之间是没有通道的，A城市没有到达B城市的高速公路，C城市和D城市中间隔着河，也只能相互对望——它们之间没有办法直接发生联系！那么怎样才能把它们连接起来呢？我们要不断地用新的东西去刺激孩子思考，不断地让神经元"放电"去建立联系，就像在城市之间修建公路一样，有时候，我们会建高速公路，有时候，也会建羊肠小道，这都没关系，因为相比之前，毕竟是有路了。

大脑是人体消耗能量最多的器官，它有一个非常重要的机制——"用进废退"。你越用大脑某个部分，这个部分建立的联系就越多，就像两个频繁往来的城市一样，它们之间的路会越修越多、越修越宽，走起来会越来越顺畅。这就是在孩子上小学前我们让孩子尝试去学习音乐、美术、舞蹈

---

④**神经元**：建构我们的大脑并使其产生作用的功能性细胞，信息处理就是这类细胞进行的。

等的原因——这是在给孩子大脑多样化的刺激，为大脑提供建立联系的无数种可能性。

反之，你越不用哪个部分，大脑就默认你不使用这个部分了，为了节约能量，大脑就会把这些联系切断，建立联系的路就这样断掉了，再建立联系就会是重新开始。

但是这里要说明的是，人的精力是有限的，建立过多的联系会出现多而不精的弊端，家长们要结合孩子的兴趣和时间，有选择地取舍。

常爸：您说的这样的"联系"其实有很多种，有艺术类的——学钢琴、绘画，运动类的——学足球、轮滑，还有思维类的——学乐高、编程，那么您觉得语文在这样的"启蒙联系"中有什么不同呢？

李老师：这个问题要从人类脑科学[5]的研究讲起。我们的人脑还没有进化出专门的读写区域，也就是说阅读、

---

[5]**脑科学**：又称神经科学，是研究脑和神经系统的结构与功能的交叉性学科。

第一章
语文启蒙是什么？

写作这两个功能不可能是与生俱来的。

这是为什么呢？因为人类有文字的历史是很短暂的，根据学术界比较流行的假说，人类会讲话的历史有十五万年了，但最早的文字仅可以追溯到六千多年前，成系统的中国的甲骨文也只有不到四千年的历史。在这么短的时间里，大脑没有形成一个专门的读写功能区域，所以读写这个能力就需要后天的练习。

语文，或者说语言的启蒙，不外乎就是听说读写，而读写能力正是启蒙最重要的方面，所以从开发和完善大脑的角度讲，我们越早开始语言的启蒙就越有利于孩子大脑潜能的开发。

语文开启孩子认知世界的大门

▼

常爸： 刚才我们谈了语言与思维相互促进的关系。语言的精准表达是思维深刻化的表现，而思维的深刻和细腻反过来也会推动语言的发展。这个方面也可以说是孩子内在的发展，那么对于孩子人生的长远发展，您觉得语文启蒙起到了什么样的作用？

李老师： 语文启蒙的重要性在于它开启了孩子认识世界的一扇大门。如果把一个人的认知比作一间屋子，那么从里面往外走，就需要门，开的门越多，往外走的通道就越多，可以接触到的世界就越大。从这一个个精心开凿的大门出去，人生才会更加广阔。所以从这个意义上说，语文的启蒙就是人生的启蒙。以前的语文学习更注重听说读写的能力，现在比较重视语文素养，语文素养有四个核心：

第一章
语文启蒙是什么？

第一，语言建构与运用；
第二，思维发展与提升；
第三，审美鉴赏与创造；
第四，文化传承与理解。

首先，语言建构与运用。简单来说，语言建构与运用就是孩子词汇量和表达方式的集中体现，这最能看出一个孩子的语文水平。这个问题前面已经讲过，其实就是孩子在生活环境或者具体语境中学习说话，包括口头语和书面语，然后内化为自己的语言，用各种各样的语言描述自己体察到的世界。

其次，思维发展与提升。当一个孩子用自己的语言精准地表达了自己的体悟时，实际上表现出他的思想的深入和感受力的不断增强（更加细致入微），这种深刻和细腻的表现就是思维发展与提升。

第三，审美鉴赏与创造。审美是一种人生境界，本身是超脱语文的，但语文学习是培养审美能力的一种有效途径。语文学科的审美表现在两个方面：对语言本身的审美和对语言背后思想的审美。

对语言本身的审美是指能不能感受到语言的美好，比如，我们传诵的唐诗、宋词、元曲，优美诗词的语言就是美好语言的代表。这里的"美好"不光是指语言的优美，还有它所吟咏的或凄美、或欢脱、或幽静、或纷扰的情绪和意境，是一种内外兼修的审美。

思想的审美代表的是价值观和态度是不是正向，以及所传播的东西是不是正能量的。这个很好理解，现在很多公众号为什么会被封停呢？除了一些发布违法、违规信息的，更多的是因为传播的是负能量、低俗甚至价值观扭曲的信息，这样的信息广泛传播对人和社会都会有不良的影响，所以我们说思想的审美也非常重要。

最后，我们说一下文化传承和理解。语文本身就承载着文化，民族文化的载体就是语言文字。一个孩子学习语文越深入，他的文化积淀就越深。说到文化，我经常拿民国时期的文学家林语堂举例子：林语堂出生在福建的一个基督教家庭，从小上的是教会学校，长大后考入了英文大学——圣约翰大学。他一直以来接受的教育都是完全西式的教育，这让他忽略了中华传统文化的学习，所以当他接到北京大学的任教聘书到北京教书的时候，就显得十分窘迫和惭愧，他没

第一章
语文启蒙是什么？

法和别人交流！他自己说："使巴勒斯坦的古都耶利哥城陷落的约书亚将军的号角我都知道，我却不知道孟姜女的眼泪冲倒了一段万里长城！"

这样怎么能在中国的大学里教书呢？意识到这个问题之后，林语堂就开始"恶补"中国文化。他淘了很多旧书，阅读大量的中国传统书籍，并且痴迷其中，终于补上了他在中华传统文化上知识量不足的这个短板。所以他才能用英文写出《吾国与吾民》这样的书。在民国时期他就说："中国自有顶天立地的文化在，不必样样效颦西洋。"后来他才敢称自己是"两脚踏东西文化，一心评宇宙文章"。

不说这些大家、名家，就说我们普通人。如果我们不了解中国的文化，与人交流也是有困难的。比如，有人跟你说"不能让孩子一下子学这么多东西，这是揠苗助长"，如果你没听过"揠苗助长"这个寓言故事，那么你就听不懂人家的话；有人又说"别杯弓蛇影自己吓自己"，你连"杯弓蛇影"这个成语什么意思都不明白的话，那就没法聊天了。这就是现在有人调侃所谓的有文化的人和没文化的人的区别。

就像是一幅画的背景色，文化是我们的背景色，也是一切活动的基调，而语文中有很多承载文化的东西，比如，神话、童话、经典著作中的人物，经过很多年的沉淀，变成了一个个符号储存在了我们的文化中，所以我们需要去学习语文、了解中华文化，能够拥有共同的语言密码，这是我们作为中国人的必修课。

常爸：您上面谈到语文素养的四个方面是语言、思维、审美和文化，实际上这几个方面是密不可分的。语言和思维相互影响，文化的积淀提升审美能力，学习文化又带动语言和思维的发展，最后形成正向的大循环，提升一个人整体的语文素养。

但是可能很多家长有一个疑问：我们现在为什么不提语文能力，而要说语文素养呢？在我们普通家长看来，"素养"这个东西是看不见、摸不着的，功利一些说，考试也不会直接考"素养"，听说读写这样的语文基本功不重要了吗？

李老师：不是这个意思，听说读写依然是语文重要的基本功，也是语文学习的重点。我们说的重视语文素养，不是摒弃语文能力，实际上素养包含着能力。为什么不提能

第一章
语文启蒙是什么？

力,而要着重抓素养呢？因为素养是整体存在的,而能力是割裂的。以前的学校课堂上经常出现这样的情况：如果课本要求学生听,老师就只培养听力;课本上写着让学生说一说,老师就只培养口语交际能力;写着读一读,就让学生读,培养默读、朗读能力;还有一节课就叫习作课,只让孩子写作文,不听也不读。实际上,听说读写是分不开的,可是一要求听说读写,就已经把它们分开了,所以我们现在不这么教语文了。

语言建构与运用,只需要说吗？不是,听说读写都需要。学习文化,就只是读吗？不是,既得读也得写。所以素养具有综合性,是个统一的整体。这样提,是与人作为一个整体而发展相符合的。这样学,也是从学科走向学生、从语文走向做人的一个过程,是更加人性化的教学方式。

常爸：素养是能力的综合,是将语文学习从学科过渡到学生的方式,这体现的是人文主义的关怀,是一种以人为本的教育理念。

A 李老师： 没错，就是要把人看作一个整体，不能人为地把各项能力割裂开。在实际生活中，不存在只需要一种能力的情况，都是各种能力综合地运用。

第一章
语文启蒙是什么？

> ## 本章小结
>
> ※ 语言和思维实际上构成了语文启蒙的两个非常重要的点。因为你得先让孩子听得懂你说的话，然后再让他去理解你所说的话背后的含义，而语言和思维也不是孤立的，它们之间是有联系的。
>
> ※ 阅读的本质：发展孩子的语言和思维。启蒙阶段的阅读不应当以获取知识为主要目的，而应该是通过阅读去思考、去认识更多的语言现象和语言规律。
>
> ※ 一定要鼓励孩子用书面词汇，因为书面语的词汇是经过锤炼的，学会用这些词汇是孩子们思维不断深入的一个表现。
>
> ※ 无论是学习母语还是第二语言，都有不可错过的关键阶段，一旦错过，再想补偿也许要花上好几倍的精力才能达到敏感期轻松就能达到的效果。
>
> ※ 从开发和完善大脑的角度讲，我们越早开始语言的启蒙就越有利于孩子大脑潜能的开发。
>
> ※ 语文启蒙的重要性在于它开启了孩子认识世界的一扇大门。如果把一个人的认知比作一间屋子，那么从里面往外走，就需要门，开的门越多，往外走的通道就越多，可以接触到的世界就越大。

PART 02

0~5岁：家庭语文启蒙

第二章
每个孩子都需要语文启蒙

语文启蒙是对语言和思维的启迪。语言代表孩子的表达能力,这是可以表现出来的,教孩子如何去说、如何去写、如何去表达他对这个世界的认知;思维的背后是思想,包括价值观、人生态度等隐形的东西。

语文启蒙也有关键时期?

常爸：儿童学习语言是存在敏感期的,那么语文启蒙应该从几岁开始呢?

李老师：肯定是越早越好。语文的启蒙,首先是从语言开始,语言的逻辑性和表现力的启蒙越早开始对孩子帮助越大,但是没有一个固定的时间点,0~15岁都是启蒙阶段。

当下的启蒙与古代的启蒙不可同日而语。过去的开蒙是从认识论的角度开始,是通过认字去认识周围的万事万物,那是唯一的途径;而如今的时代,孩子从出生起就在认识万事万物,AR、VR、互联网、电影、电视等这些直观展示的技术已经可以把世间万物摆在孩子面前了。如果还觉得不够直观,父母还可以通过旅游带孩子去实地感受,因此对我们来说,启蒙的方式和途径要比以前多得多。

语文启蒙的重点是让孩子学会表达对这个世界的认知

▼

Q 常爸： 语文的综合素养是让孩子构建和运用自己的语言、发展思维、培养良好的审美和传承中华文化，这些素养不是一朝一夕就能建立起来的，那么对于学龄前的小孩子，父母在对其进行语文启蒙时，应该包括哪些方面的内容？

A 李老师： 我知道家长们一定是想知道要学什么东西才算是语文启蒙，但语文的启蒙并没有一个放之四海而皆准的方法，它是一种润物细无声、朝夕都在发生的无形影响力。

还是和之前说的一样，语文启蒙是对语言和思维的启迪。语言代表孩子的表达能力，这是可以表现出来的，教孩子如何去说、如何去写、如何去表达他对这个世界的认知；思维的背后是思想，包括价值观、人生态度等隐形的东西。在孩子学龄前，家长是孩子主要的影响者，家长是怎样的人很大程度上影响着孩子会变成什么样的人，不要指望一两本书可以改变一个孩子，家长的语言水平、思维方式都是对孩子的启蒙，能改变孩子的只有家长自己。

Q 常爸： 教孩子识字和拼音是不是语文启蒙比较重要的部分？

A 李老师： 总是想着提前让孩子识字，教孩子拼音这一类记忆性比较强的知识，其实反映的是家长内心的焦虑。语文启蒙最看重的还是语文素养，是思维和表达能力，而非对单项技能的培养。

拼音是识字的工具，识字是阅读的准备，阅读又是认识世界的活动，所以我们的目的是什么？是让孩子认识内部和外部的世界。而对于尚在学龄前的孩子，这片广阔的未知世界不一定必须通过拼音和识字才能去认识，家长可以拉着孩子到花园去看看月季花，和孩子一起观察茎、叶、花，看看小蜜蜂怎么采花蜜，再给孩子讲讲植物的小知识，在这个过程中，我们跟孩子所表述的语言会更趋于书面语和规范的语言表达，是高质量的语言输入，这也是启蒙呀！

为什么非得学会拼音、认识很多字，把孩子按在书桌前看书才叫语文启蒙呢？这个年龄段的孩子还不适合做这些枯燥的记忆性学习，家长应该根据孩子的年龄特点进行启蒙。

如果家长就是希望给孩子进行传统意义上所谓的"语文启蒙"——教知识，那我建议家长可以给孩子讲讲文化知识：汉字的来源、成语故事、寓言典故；讲讲我们汉字的象形文字：这个"马"字像不像一匹有马鬃、有四腿的马？"鱼"字就是一尾有鱼头、鱼身、鱼尾的游鱼。家长画出来也好，写出来也行，要贴近孩子的生活、要了解自己孩子的兴趣点。或者讲个"螳螂捕蝉，黄雀在后"的故事，跟孩子讨论一下这到底是智慧还是阴谋，让孩子自己去做评判，家长当个向导即可。

这一类的知识趣味性比较强，能够引起低年龄段孩子的兴趣，再者，可以培养孩子的文化感知和审美意识。我个人认为，趣味语言是更适合启蒙阶段的孩子学习的，至于工具类的拼音、识字，如果孩子对此表现出了兴趣和求知的需求，家长可以因势利导，否则没必要在这个阶段硬要让孩子学习。

常爸："授人以鱼不如授人以渔",现在很多人理解的启蒙其实是工具,并不是真正可以给孩子启迪的东西。

李老师:对,启蒙的方向一定不能偏,不然会出大问题。如果只给孩子所谓的"鱼",十条、一百条都意义不大,因为记忆的东西慢慢会忘记,本应该学习的东西没有学,记住的东西又都忘了,这是竹篮打水一场空。这个阶段还是不要做这些无用功,好好培养孩子的语言和思维能力,只有这两个方面提升了,孩子才能够在理解中运用,这才是能让孩子一生受用的东西。

学龄前的孩子最需要的语文启蒙到底是什么?

▼

Q 常爸: 我们说语文启蒙好像都是从家长的视角看问题,家长应该怎么做才能启蒙,那么反过来您是否能从孩子的角度说说,学龄前的小孩子最需要的语文启蒙应该是什么样子的?

A 李老师: 如果从孩子的角度去考虑,语文启蒙最重要的就是"明白"二字。"蒙"就是蒙昧,我们所做的启蒙必须能够去除蒙昧——使孩子明白。在启蒙里我们做的所有努力,孩子可能当时不能全部明白,但过了这个阶段,他也许就会懂了。

Q 常爸: 这个事情我深有体会。我孩子还很小的时候,有一次我带他去一个办公楼,坐电梯的时候孩子问我:"爸爸,

第二章
每个孩子都需要语文启蒙

为什么电梯没有四楼?"我跟他说因为"四"和"死"谐音,而"死"是一件很可怕的事情,中国人就认为"四"这个数字不吉利,所以就不设四楼了。孩子听完还是很疑惑,一直追问为什么"死"很可怕,为什么"四"不吉利……后来我们养的小狗死了,我和他一起流着眼泪把小狗埋了,他说:"爸爸,我终于明白电梯为什么没有四楼了。"这个小事情说明,之前我看似并没有让他明白这种文化忌讳,但是他有了一定的经历之后,就会慢慢自己开窍。然而前期家长的启蒙还是必不可少的。

A **李老师**:对,就是这个道理。语言、文字背后的道理可以说得明白,但是孩子当时不一定都能吸收,可他之后一定会去比较、分析和总结,等到他有了一定的经验积累和见识,自然而然就会有一个比较明确的认识了。因此,家长让孩子"明白"的这个环节一定不能省略,这才是学龄前的孩子最需要的启蒙。

本章小结

- ※ 语文的启蒙,首先是从语言开始,语言的逻辑性和表现力的启蒙越早开始对孩子帮助越大,但是没有一个固定的时间点,0~15岁都是启蒙阶段。
- ※ 语文的启蒙并没有一个放之四海而皆准的方法,它是一种润物细无声、朝夕都在发生的无形影响力。
- ※ 总是想着提前让孩子识字,教孩子拼音这一类记忆性比较强的知识,其实反映的是家长内心的焦虑。
- ※ 如果从孩子的角度去考虑,语文启蒙最重要的就是"明白"二字。"蒙"就是蒙昧,我们所做的启蒙必须能够去除蒙昧——使孩子明白。

第三章
家庭语文启蒙应该怎么做？

家长不要觉得语文启蒙有多么高深，需要非常正式的场合才算用心，实际上在生活场景中启蒙就是最好的，也是孩子最容易获得的识字、思考的途径。几乎每个孩子都会在生活中问来问去，家长不要忽视、不要不耐烦，这是孩子让你给他启蒙的绝好时机。

古人是怎么进行语文启蒙的？
哪些值得我们借鉴？

▼

Q 常爸：我们现在教给孩子的很多典故也好、古诗也罢，都是很多年前的古人流传下来的，虽然有千百年的历史了，但是对我们依然有很多现实意义。那么，古人的语文启蒙是怎么做的？有没有我们这个时代的家长可以借鉴的地方？

A 李老师：儒家经典《大学》提出"格物、致知、诚意、正心、修身、齐家、治国、平天下"这"八条目"，其中"格物""致知"说的就是学习。"物格而后知至，知至而后意诚，意诚而后心正，心正而后身修，身修而后家齐，家齐而后国治，国治而后天下平"，阐释的就是学习和做人之间的关系——做人需要学习，只有学习才能做个有社会价值的人。

因此，古代学习启蒙的理论是有的，但是没有系统的语文启蒙的方法，只有一些基本经验。古人的语文启蒙是从识字开始，为什么呢？因为识字、读书是古人认识世界的主要方式,所以大约会花两年的时间去识字,还发明了一套识字的课本——"三百千千",就是《三字经》《百家姓》《千字文》和《千家诗》。从识字走向属对——一字对、二字对、三字对、五字对,再走向写对联、写诗,最后写文章。

中国人学语文要从识字开始,但是我们要强调,识字并不是越早越好。我们现在小学都是零基础入学,会在小学一二年级系统解决识字的问题,所以家长们不必为此焦虑。一般孩子上了学就会开始识字,不识字就没法阅读,也就无法应对之后书面语的学习。

识字实际上也影响着孩子的思维发展,因为口语的想象是依靠画面的,比如,说"水杯""冰激凌",孩子第一反应联想到的是实物,说"阳光明媚"其实也有一个画面,不过可能有的清晰,有的模糊。但是有很多东西是抽象的、没有画面的,比如说"能量""文化"是什么?孩子看不到、摸不着,他是没法想象那个画面的,所以随着孩子的发展,他需要一个符号化的东西帮助他理解世界,这时就需要插入一段很长时间的识字过程。古代的这个经验从孩子心理发展的规律上来说是非常实际的。

常爸：我想起语义学中的一个概念——语义三角（见下图），这个理论是指符号、意义和实物处于一种相互制约、相互作用的关系之中。比如，我们通过一本书来解释"书本"这个词语时，并不意味着所有书本都必须具有我们当时说的那本书所具有的封面、尺寸和内容，而只是用它来当作一个实例。如果在我们的肉眼之外存在一种东西，这种东西是没有物质存在形式的，只能通过我们的思维来感知，而语言符号正好可以用来表达这个抽象的东西。是这个意思吧？

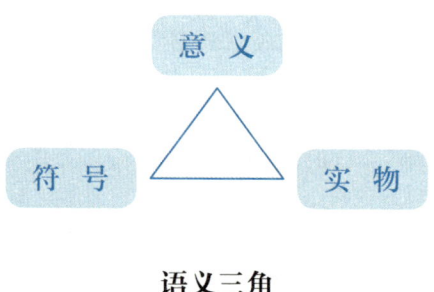

语义三角

李老师：对，语言符号可以用以表达这种概念性的东西，我们的古人没有把这条经验理论化，但是在行动上就是这样做的。

第三章
家庭语文启蒙应该怎么做？

现代人有时候想到古人读书时摇头晃脑的样子会嗤之以鼻，觉得那是在"读死书"，实际上这个理解有失偏颇。古人也不全都是"读死书"，识字之后，古人要去对对子——这是汉语非常重要的一个特点，首先意义要相对，其次音韵也要相对，这是很不容易的，所以我们现在读到"云对雨，雪对风，晚照对晴空""鬓皤对眉绿，齿皓对唇红"这样的文字，依然感觉韵律和谐、意境美好。

不仅如此，古代的语文启蒙也在提升思维，有很大的思想意义。史书记载梁武帝让人从大书法家王羲之的书碣碑石上拓下来1000个各不相同的字，一字一字地教授给皇子，但是这种教法杂乱无章，枯燥、难记忆，收效甚微。于是，梁武帝就命周兴嗣用这1000个字写一篇适合皇子皇孙的启蒙读物，周兴嗣接到诏令连夜伏案编纂，一夜白头，写出了一篇韵文。这才有了我们传诵的"天地玄黄，宇宙洪荒。日月盈昃，辰宿列张。"你看，《千字文》把1000个看似不相关的汉字组合在一起，但每一句都是有意义的。周兴嗣选择的内容从远古的混沌初开、日月运行、四季循环开始，到伏羲氏、神农氏、天地人三皇，再到仓颉造字、嫘祖制衣，囊括了天地、历史、修身、读书、居住等各种社会文化知识，对偶押韵，有意义又有意境。孩子们刚开始也许只是因为朗朗上口、好玩去学，后来玩着玩着慢慢就能发现这些意义、体会那样的意境了。所以你看，我们的古人又总结了另一条启蒙的经验——启蒙要找方法，要有意义、有思想。

另外还有一点，古人在语文启蒙的时候目标明确——不是要把所有孩子都培养成读书人、文学家，而是要培养社会人。不同时期编了各种各样实用的识字课本：农民需要识哪些字、经商的人要认哪些字、中药铺的人要学哪些字……用我们今天的话说，是分了很多应用的领域。

今天我们也要明白：我们对孩子进行启蒙，不一定是要把孩子培养成文科状元或大文学家，我们是要培养社会人，让孩子能够有思想、会表达，那么我们的启蒙就是成功的。不必限定以后孩子应该成为什么样的人，那样的话，我们的视野会狭隘，孩子未来的路也会很窄。

第三章
家庭语文启蒙应该怎么做？

需要让孩子背诵《三字经》《千字文》等蒙学经典吗？

▼

常爸：现在很多家长认识到了国学启蒙的重要性，会教一些让孩子背诵，比如所谓的国学启蒙四书——《三字经》《百家姓》《千字文》《千家诗》，但也有家长说这些国学书里有很多内容已经不符合我们现代社会的情形了，是文化糟粕要摒弃。关于是不是该让孩子背诵这些国学启蒙书，您怎么看呢？

李老师：我认为，要从两个角度来看待这些国学启蒙书，第一个是精神的角度，第二个是语言的角度。

从精神需求上来看，《三字经》《百家姓》《千字文》这些书没有太多现代所要宣扬的精神，比如，平等、民主、创新，所以很多家长说不值得读。

但是从语言和文化的角度来说，这些书又是可读的，因为读起来押韵、好玩，适合孩子在游戏中玩学。而且，这些书作为古代孩子识字的课本，也是有教学价值的。另外，作为特定时代的文化产物，这些读物是对一个时代的再现，家长可以带着孩子从了解历史的角度去读这些书。

是不是要背，看家长怎么看待这些书。如果选择让孩子背，那么我提醒一点，家长最好不要生硬地用这些书里的内容来教育孩子，比如，读到《三字经》中的"子不学，非所宜"，你不要用这句话去教育孩子说，《三字经》里这样写了，你就应该好好学习，这样做是在要挟孩子。我们读这句话，应该想到给孩子树立榜样，自己先学习起来，而不是用说教的方式只让孩子去学习。这样的教育方法是不妥当的，我们应该用行为去改变孩子，而不是靠话语去改变孩子，这是我们启蒙时应当注意的一点。

常爸：所以说家长选择《三字经》《千字文》这一类启蒙读物给孩子背诵时，要从语言和文化启蒙的角度考量。有些内容虽然适合古代的教育理念，但是不符合我们现代的精神，家长应当有所取舍。接着刚才的话题，您说我们应该用行为去改变孩子，而不是靠话语去改变孩子，那么在生活中，我们该怎样对孩子进行语文启蒙呢？

A **李老师：**在生活中进行语文启蒙，这个方向是正确的。我们不希望把孩子培养成一个只说不做的人，应该让孩子知行合一，那么怎么启蒙呢？实际上，生活处处是语文，语言无处不在、文字无处不在。

坐公交车——要看站牌、要听报站名；走在大街上——能看到各种各样的商铺名、小区名；公园里玩——随处可见树木铭牌、各类指示语；哪怕上个卫生间——也有用文字、字母、图片等各种符号做的标识。家长不要觉得语文启蒙有多么高深，需要非常正式的场合才算用心，实际上在生活场景中启蒙就是最好的，也是孩子最容易获得的识字、思考的途径。几乎每个孩子都会在生活中问来问去，家长不要忽视、不要不耐烦，这是孩子让你给他启蒙的绝好时机。

家长还可以借此培养孩子对语言的敏感性。我们在车上听到广播，大街上听到各种音乐，可以引导孩子去关注这些声音里的词，让孩子听听这些声音到底在唱什么、说什么，在表达什么样的情绪；有意无意地在家里放几首歌，和孩子随意聊聊里面的歌词和伴奏。语文启蒙可不是全都来自书本。

在生活中启蒙,家长也要有意识地多跟孩子使用书面语,引用古诗词诗句。家长在生活中多使用这样的语言和孩子交流,孩子会受到潜移默化的影响。相比于死记硬背书本上的知识,这种方式更加直接、更容易让孩子接受。因为家长在生活中说的话是有语境的,更便于孩子理解,孩子们能通过简单的重复就学会,我觉得这样的启蒙是切实可行的。

常爸: 我有时和孩子说话也会带些成语,孩子听不懂,会问我是什么意思,我就顺便给他讲一下这个成语的小故事。开始没当回事,但后来有一次,他还给我一块钱,跟我说:"爸爸,给你的钱,完璧归赵!"说实话那一刻我挺吃惊的,我没想到一个4岁的孩子能说出这个成语。

李老师: 这样润物细无声的影响就是最好的启蒙!孩子在生活中联系自我经历无意中就学会、领悟了知识,这都是书本学习无法达到的效果。

生活中的启蒙也许很多家长觉得简单,也都做得很好了,而且生活中的事物孩子慢慢熟悉后，就司空见惯，觉得没有新意了。那接下来家长们可以将孩子带到其他文化场所体验，比如，博物馆、艺术馆、名人故居等，这也是很重要的一种启蒙方式。去了以后不是走马观花看一看就完了，家长得学会和孩子交流这些场所的作品、展品背后的文化和思考。

比如，去看画展，家长要做到不灌输知识，有些家长觉得有用的东西，对孩子来说是很无趣的，不要上来就打消孩子对这个新鲜事物的兴趣。应该是先让孩子自己看，看完了之后问问孩子："你觉得这幅画画的是什么？"如果孩子说"我看不懂"，你可以给他一些提示，如果孩子说的和你想的风马牛不相及，那也没必要强行纠正孩子。

家长也不必太担心自己看不懂怎么办，没有看不看得懂，只有你能不能说出来你的感受。家长说自己的感受，孩子说孩子的感受，不必过多担心自己说的对不对。因为艺术本身就是一个很个性化的东西，每个人都可以赋予艺术作品不同的解释。

如果孩子对一幅画很感兴趣，就让他多驻足一会儿，如果没有兴趣，也不要强加说辞让孩子看。总之，一定要让孩子在一个轻松的氛围中去感受。家长不能很功利地要求孩子看一个画展就了解多少画家，或鉴赏力一下子就提升了，逼得孩子去了一次就不愿意再去了，这样的启蒙显然是浅显而失败的。

另外，我们还应该用游戏⑥的方式给孩子讲常识和文化。第一次去的时候，给孩子讲讲观馆须知和礼仪，讲个小故事，拉近孩子和这次文化欣赏的距离；去了之后带着孩子像做游戏一样欣赏展品，你说第一幅、我说第二幅，看看谁讲得多、讲得有意思，不也是很好吗？

⑥**游戏**：一种适合幼儿身心发展特点的独特活动形式。游戏多种多样，但按照儿童心理特点有针对性地分为三种：创造游戏、教学游戏和活动游戏。其中，教学游戏是结合一定的教育目的而编制的游戏。利用这类游戏，可以有计划地增长儿童的知识，发展儿童的语言能力，提高儿童的观察、记忆、注意和独立思考的能力，培养儿童优良的个性品质。从长远来看，教学游戏是儿童对于未来生活所做的准备和适应现实的一种手段。

让孩子背诵优秀古诗词的意义是什么？

▼

常爸： 有些父母认为孩子还小，理解不了古诗词的内涵，加上他们自己小时候被迫背诵古诗词的经历并不愉快，所以对背诵古诗词并不感兴趣。那么，到底要不要让孩子背诵古诗词呢？

李老师： 古诗词是中国语言的密码，是中华文化的结晶，无论从语言表现力还是文化的传承上来讲，古诗词都是非常值得背诵的。我们在之前的问题里讲过，古诗词能让孩子知道什么是凝练而精准的表达，这是对孩子语言方面的训练；另外，古诗词也是中华文化和审美的集中体现，现在全国人民都在学习传统文化，习主席的讲话中会引用很多诗词，电视节目也有《中国诗词大会》这样的文化盛宴，为什么我们的社会要倡导学习诗词这样的文风呢？因为我们要建立大国的文化自信，如果连自己的语言和文化都不懂、不用，怎么能谈得上自信呢？所以不管从语言文化的启蒙，还是从社会发展的角度来说，古诗词都是非常值得背诵的。

学习古诗词只需要背诵就可以吗，需不需要讲解？

▼

Q 常爸： 古诗词值得让孩子背诵，那么孩子只需要背诵就可以了吗？家长应该怎么带着孩子背诵呢？需不需要讲解诗的背景和内涵呢？

A 李老师： 一些韵律比较强的、有趣的诗，孩子如果背着不费劲，家长可以不讲，比如：一去二三里，烟村四五家。亭台六七座，八九十枝花。这样的诗内容很浅显，孩子读几遍也许就背会了，家长没有必要再讲解了。

有些诗家长需要讲解或给孩子疏通一下，但是学龄前的孩子抽象思维还没有发展起来，理解任何事物都非常依赖于具体场景，家长不能空洞地教科书式地讲解，而是要结合具体情境去讲解。

比如，带着孩子到山里玩，可以讲一讲"横看成岭侧成峰，远近高低各不同"。这座山不一定是庐山，任何一座山都可以用这句诗来形容,让孩子实地体验这两句诗的意境。如果孩子还是兴致勃勃,家长还可以再讲讲"不识庐山真面目,只缘身在此山中"蕴含的哲理。

"接天莲叶无穷碧,映日荷花别样红",不一定非得站在西湖边上才能吟唱这样的诗句,我们带着孩子在圆明园的后湖边看荷花、荷叶时,也是一样的风光。但是家长要给孩子讲清楚,写这首诗的诗人其实描写的是西湖,那里的景色和我们现在所看到的后湖景色很像,然后再讲讲这首诗创作的背景。

孩子从小背了很多古诗词，但是时间长了就全忘了，该怎么办呢？

▼

常爸：我们发现有这样一个现象——家长们会教给孩子很多古诗词，孩子也能背下来，但是过一段时间不背，孩子就慢慢忘了，比如，3岁会背20首诗，到4岁可能会背的只剩下不到10首，这种情况该怎么办呢？

李老师：这个问题和怎么给孩子讲解古诗词息息相关。

先从生理结构上说，很多家长的观点是小时候孩子记忆力好，记住以后，长大就会脱口而出。我们的大脑是非常智能的——它不做无用功，没有意义的事情它不会耗费能量去储存。

如果家长没有在语境、情境中教孩子背古诗，而是让孩子单纯枯燥地背诵，事后也没有加以应用，那么过一段时间就忘记是很正常的事情。如果在生活中多运用，记忆能反复提取就可以加深记忆，不提取也就忘记了。

如果是这样背古诗词,我认为背也是白背。我以前接触过一个孩子,上小学前就把唐诗三百首都背会了,但是到了四年级开始学习唐诗的时候,老师发现这个孩子连30首都没有记住。他既没有比其他孩子掌握的多,也没有其他孩子学习得快。对于背诵古诗,他已经失去了兴趣,总体表现甚至比其他没有背过古诗词的孩子差。

这就好比是小马拉大车,小的时候,孩子应该长身体,经常带他去看看花、遛遛弯儿,孩子会很开心,但是你非得说马早晚都要拉车的,还不如现在就套上车让它拉吧,到它长大了,就能拉更大的车了。但是没想到,小马的身体却没有长起来,当人家的马儿吃好了草、跑遍了整个草原回来变得很健壮的时候,你那匹小马还是很瘦、很小,它没有长起来,依然拉不动大车。给孩子启蒙的家长其实就是养马人——不应该一味地去追求马儿拉了多少货,应该让马儿先把身体长起来。如果没有让孩子认识自己、联系生活、产生共鸣,背那么多诗词有什么用呢?

Q 常爸： 您说的"小马拉大车"的比喻很贴切，很多家长就是觉得孩子小时候拉小的车，长大了就能拉更大的车了，可是结果往往事与愿违，等马儿长大了，连小车都拉不动了。

A 李老师： 是的，所以该吃草的年龄不要让他去拉车，即使让他拉车也应该变成好玩的游戏——让孩子愿意拉车，而且不能让他天天拉车、拉很重的车。这样孩子才能像马儿一样长好身体，长大后跑得快、拉更大的车。

孩子的方言口音需要纠正吗?

▼

常爸：有些家长，尤其是爷爷奶奶，普通话不标准，方言口音很重，长期与孩子相处，结果导致孩子的发音不准确，这个口音需要及时纠正吗？

李老师：这个要引起重视。

有些地区的老人会把"包括"读成"bāo guā"，不要认为老人读错了，他没有错，但他说的不是普通话，他用的是方言的语音。不过孩子不知道，他从小学习家人那样的发音，就会认为那才是对的，等到以后就会影响交流了。

方言本身是一种文化传承，很多文化中保留了"古音"，有时在表达上方言会更传神，可能一个动词、一个形容词就引来哄堂大笑。现在有很多组织提倡保护方言，不过我们这里要说明，方言是需要保护，但那应该是从研究者的角度去保护，而不是让使用者去保护。我们不反对孩子学方言，但要注意使用方言给孩子学习普通话带来的问题。所以孩子发音不准还是需要纠正的，等到孩子 10 岁以后才开始纠正就会是一件比较困难的事情了。

孩子学龄前发音不标准这个现象需要关注，但不必焦虑，可以通过听优质音频的方法来纠正，比如收听"常青藤爸爸"App 上的各种故事，也可以等孩子上了小学，介入了书面语和拼音的学习后，进行自我纠正。而且，受老师和其他同学的影响，也会有所改善。

本章小结

※ 中国人学语文要从识字开始，但是我们要强调，识字并不是越早越好。

※ 古人又总结了另一条启蒙的经验——启蒙要找方法，要有意义、有思想。

※ 从精神需求上来看，《三字经》《百家姓》《千字文》这些书没有太多现代所要宣扬的精神，比如，平等、民主、创新，所以很多家长说不值得读。但是从语言和文化的角度来说，这些书又是可读的，因为读起来押韵、好玩，适合孩子在游戏中玩学。

※ 在生活中进行语文启蒙，这个方向是正确的。生活处处是语文，语言无处不在、文字无处不在。

※ 古诗词是中国语言的密码，是中华文化的结晶，无论从语言表现力还是文化的传承上来讲，古诗词都是非常值得背诵的。

※ 孩子学龄前发音不标准这个现象需要关注，但不必焦虑，可以通过听优质音频的方法来纠正，比如收听"常青藤爸爸"App上的各种故事，也可以等孩子上了小学，介入了书面语和拼音的学习后，进行自我纠正。而且，受老师和其他同学的影响，也会有所改善。

第四章
学好语文，先让孩子爱上阅读

孩子天生不爱读书这是个伪命题，爱学习、爱阅读是孩子的天性，当看到图画和笔画组成的书本时，孩子的好奇心会驱使他去问、去想。如果孩子不爱阅读，家长需要从自己身上找找原因。

什么是好的儿童读物?

▼

常爸:在对孩子启蒙的过程中,好的儿童读物是不可缺少的,但是哪些书才算是好的儿童读物呢?家长应该怎样去辨别呢?

李老师:好的儿童读物有这样三个标准。

第一,能够让孩子在不知不觉间进入书中所创设的情境中去。很多优秀作品内容综合性强、普遍性高,从一个故事里,不同的人能体会到不同的意义,也可以让孩子轻松理解。比如《小王子》,大人看来小王子和他的玫瑰花之间并不是爱情,那是虐恋啊!可是小孩子呢,他就理解得了这种"不管你怎么样,我都爱你"的感受,因为这时孩子对父母就是这样的感情,他可以自我代入,所以他喜欢看这样的书。

不优秀的作品一般讲道理比较直接,讲一个故事说一个道理,单向教育孩子的意味比较重,一上来就要拉开架势对孩子进行教育。其实孩子很聪明,他们的感受力比家长想象的要敏锐得多,所以孩子一看这样的书,心里就嘀咕开了:"哇!这都是来教育我的,我爸我妈都不变,只有我自己要变,我不喜欢这本书!"所以他就不愿意把自己代入这本书所创设的情境里。

第二,好的儿童读物应该和孩子的生活和心理相联系,能够帮助孩子解决现实问题。这里所说的现实问题不光是吃、喝、拉、撒这样的生活上的问题,还包括孩子现实中的心理问题。

比如,教孩子如何认识自己、如何处理与他人的关系、如何克服生活中的困难,这些都是和孩子日常息息相关的问题。孩子们为什么都喜欢听童话故事呢?现实中没有王子、公主和巫婆,他怎么做到自我代入的呢?因为童话故事中的主人公都会经历磨难,最终幸福地在一起。虽然孩子生活中的问题和童话故事中的磨难一点儿也不相同,但有相似性——都是孩子和主人公认为的很难的事情。当孩子听到童话故事最后主人公有美好的生活时,孩子就会产生这样的认识——我只要解决了这些问题,也能像王子和公主那么幸福。

对于一个孩子来说,这样的书能够教他如何去应对生活中的困难。

第三，好的儿童读物的语言一定是适合儿童发展的。儿童读物的语言浅显是应该的，但不能浅薄、不能直露，应该是丰富的、意味深长的，要有一些文学的表达和文学的审美在里面，因为孩子会通过读这样的书去学习语言。

这里我要说一下翻译引进的儿童读物。译者的水准，尤其是译者的语言水平和语言的准确度还是会影响作品的。外国一部经典的儿童文学作品翻译过来之后，我们的孩子未必就会觉得好。语言没有翻译好会影响一个作品的思想性、情感性、语言特性的表现力，所以翻译过来的作品存在这样一个困境，有时候还会存在错误。

总体来说，好的儿童读物就是孩子读这一本书胜过读几本书，在这样的作品里孩子获得的东西是多元而丰富的。

第四章
学好语文，先让孩子爱上阅读

应该让孩子多读什么类型的书？

▼

Q 常爸： 现在市场上童书的种类五花八门、举不胜举，父母们给孩子挑书时往往不知所措，应该让孩子多读哪些类型的书呢？

A 李老师： 我认为应该让孩子多读一些本源性的书。所谓"本源"就是有哲学意味，这样的书能够给孩子更多的启示，为人生打基础。

大家都知道哲学的三大问题：我是谁？我从哪里来？我要到哪里去？有人说，回答这些问题很容易啊。我是谁？——把我的名字告诉你；我从哪里来？——我从娘胎里来；我到哪里去？——我到坟墓里去。这样的回答显然浅显而无意义，哲学中这三个问题是深远而值得深省的，我是谁？——是要决定我在这个世界中的角色定位；我从哪里来？——是要思考人类的历史、人生的长度；我到哪里去？——是要展望人类的命运、共同的未来。我们要脱离一个小小的"我"，作为人类群体中的一员想到这几个问题背后的东西。

很多书的语言背后都是哲学，作者在书中描写了他是如何看待一个人、一群人和一个世界，这就是这位作者的哲学。只不过很多时候家长要站在高处才能看到这些东西。比如，一本关于恐龙的书，介绍的是各种各样的恐龙和它们的生活习性。那我们从哲学的意义上怎么思考？就是思考恐龙这个物种的起源、发展、高潮和灭亡，还可以考虑恐龙的多样性，考虑食肉和食草的恐龙之间的关系……其中可以读到的哲学有很多，但是孩子们开始是读不出来的，那家长们就要给他们一些指引。

常爸：一本看起来很简单的科普书背后也是有很多值得深思的哲学问题，那么从这个角度来说，好像读什么书都可以？

李老师：理论上说，"开卷有益"，读什么样的书都会有所收获，但还是有区别的。有些书的作者水平比较高，书中哲学意味比较明显，有时也会通过一个曲折的方式来表现,而有些书需要我们思考一下,才能把其中的哲学意味挖掘出来,比如说那些知识类的书。

我个人认为孩子要多读有哲学深度的书,少读纯知识类的书。不是说知识不重要,知识固然重要,但要有哲学深度,思想性、思辨性更强一些,孩子更容易读到作者的思想,让孩子多接触这样的书对思维的发展更有利。《百科全书》这一类知识书,背后的思想如果你不指出来,孩子是不会有意识去发现的,他所看到的也许更多的是知识,不是思想。这一类书如果孩子喜欢,当然可以去读。

知识类的书当然也要读,但是要注意编者的编排方式。知识是思考的素材,编者编排得有思想,孩子就对各门知识的谱系了解得更清楚,思考问题的时候就会多元化、多角度。在我国古代经验中,知识类的书几乎不会被提及,比如,《天工开物》《周髀算经》《九章算术》这些书,很少有文学家说自己读过这样的书,因为他们认为这是"术",是末端,而哲学类的书才是比较高层次的"道"。今天的社会处在一个融合度越来越高的时代,"术"和"道"已经并轨、结合得越来越紧密。比如,造一艘航母,工程师就必须"术"和"道"都清楚。必须要有系统思维,为什么呢?因为航母中要用到的零部件数量有7亿~8亿个，而且每个部件不是独立存在的，而是与其他所有的部件都紧紧联系在一起。不管是动力系统、火控系统，还是空调系统，都是相关的，不可能动力系统只负责航母前进，火控系统只是发射鱼雷和火箭，空调系统只能吹吹冷风，它应当是一个立体的作战系统，也许仅仅一枚小小的螺丝钉没有安装好，都会影响航母的整体运行。如果说系统思维是建造航母的"道"，那么其他零部件就是"术"——所谓牵一发而动全身。一定要跳出狭隘的知识，系统思考事件的整体，这就是我们所说的"道"和"术"的结合。

但是，只读哲学类的书也是不可取的，读物的单一性和食物的单一性是一样的，一个人长期只吃一种食物，即使它很好吃很有营养，吃多了肯定也不愿意吃了，营养也不会全面。一样的道理，哲学类的书看多了也会感到消化不了。所以还是要以哲学类书籍为主导，同时进行多样性的阅读，既有根基，又有分支，孩子的阅读就比较全面、科学了。

怎样给孩子选书？

Q 常爸： 很多家长知道让孩子阅读的重要性，所以做好了从小让孩子读书的准备，但是具体到怎么选书，家长们就有了苦恼：走进书店或者打开购书网站，各式各样的图书扑面而来，看得眼花缭乱，很难做出选择，很多时候是听别人说好，就买。请您就如何挑选童书这个问题给家长们一些建议。

A 李老师： 看别人买了什么书、让别人介绍好书，这是选书的一种很好的方法，但是问题在于不能总是问别人，而且孩子对阅读的需求不是一成不变的，别人也许看不到你的孩子成长的细节，只有家长自己才能密切关注到孩子成长中的变化。因此家长还是要掌握一些方法论，这样才能够更加自主、灵活地在孩子的各个年龄阶段选择适合的书。

常爸：国外有完善、清晰的分级阅读标准，能够针对个人不同的阅读能力、水平，选择不同难度等级的读物，这一理念被很多欧美国家广泛接受并不断发展。现在普遍使用的分级标准体系有发展性阅读评估分级（DRA）、蓝思分级阅读测评体系（Lexile）、指导性阅读分级体系（GRL）等，这些分级体系通过各种分值衡量孩子的阅读能力，然后推荐相应能力级别的图书，甚至能精确到几岁几个月应该读哪几本书，这让家长选书方便易操作，我们国家有这样的分级阅读体系吗？

李老师：从 2009 年开始，中国教育界就在做分级阅读的工作，现在有一个比较成熟的：小学的部编本教材中"和大人一起读""快乐读书吧"模块里推荐了一些书，每个学期几本，希望家长跟孩子共读或者孩子自己读，这个是已经上了小学的孩子的家长可以借鉴的。

但是全面覆盖孩子各个年龄阶段的分级阅读，据我所知还没有特别权威的。

很多机构都在研究分级阅读的相关工作，目前存在的困难也很大，因为基于汉语阅读的理论体系不完善，这些机构要借鉴国外的经验来做研究。汉语和英语的区别很大，在有的情况下"移花接木"会水土不服。另外，汉语的分级阅读也比较难做，因为分级阅读应该是阅读能力的分级，而不仅仅是词汇量和阅读主题的分级。孩子在哪个阶段应该具备什么样的阅读能力、能读哪些读物、这些读物能促进孩子哪些能力的提升，能够清晰地解决这些问题的分级阅读才是科学、合理的，目前所谓的分级阅读都没有达到这个程度。

虽然还没有足够成熟的分级体系，但是教育界和家长们已经意识到了这个问题，并且在为之付出努力，这就已经是很大的进步了。

Q 常爸： 您能不能就孩子阅读的大致规律，给家长们一些建议？

A 李老师： 我认为给孩子选书时，家长需要关注三个原则。

第一，尊重孩子的成长发展规律。 读什么样的书应该符合孩子的年龄特点，比如幼儿时期，孩子喜欢的是简单而快乐的图画书。这一类书让孩子在阅读的时候充满安全感和稳定感，符合他们认识世界的心理；大一些的孩子，要逐渐过渡到情节稍微复杂、人物越来越多、结合多种情绪的故事书。这个时候孩子越来越大，他会发现世界并不像书中描述的那么完美，还有很多让他伤心、愤怒的事情发生，他甚至有可能见证了死亡，所以这个阶段要介入相应主题的书籍，安抚孩子，引导孩子认识真实的世界，以免他们产生迷茫、虚幻的感觉。

给孩子选书要符合孩子成长发育的特点，一般是按照 1~2 岁、3~4 岁、5~6 岁，这样来区分，从以图为主、文为辅，到文字量逐渐增多的过程。不过也不能过分关注年龄和阅读书目的对应性，有的家长问 3 岁的孩子应该读什么书，这是个比较难回答的问题，课外阅读基本不存在哪个年龄段应该读哪些书，而在于孩子愿不愿意看，只要孩子愿意看就可以，不要人为设置障碍。我们后面会介绍一些书单，但是当中标注的年龄界限只是作为参考，家长可以结合孩子的具体情况来选择。

第二，从孩子的兴趣点着手。每个孩子都是独一无二、具有鲜明个人性格的生命体,即使处于同一个年龄阶段的孩子,由于生活阅历、教育环境的不同,喜欢的读物类型也不一样,这就是有的孩子对别人非常着迷的一本书无动于衷的原因。有的孩子喜欢猫,那么家长不必强迫孩子必须喜欢鸭子,给孩子选书的时候要广泛、不偏不倚,比如,文学、科技、自然等都可以让孩子有所接触,看了一段时间后,孩子会从中发现自己感兴趣的图书。

第三,要读各种类型的书。 鲁迅先生说读书"必须如蜜蜂一样,采过许多花,这才能酿出蜜来",我们不能只读文学书,还要多读科学、历史等各种类型的书。

现在有很多家长有意无意会给孩子提供比较单一的读物,这其实对孩子的成长非常不利。家长本人是理工科出身,不是很喜欢文学类的书,有可能从小就只给孩子读科学、机械等一类比较"硬"的读物。而有些人文专业的家长,则只爱给孩子看文学类的书。实际上这两种做法都是不可取的,因为孩子从小既需要理科书籍的理性、客观,也需要文学书籍的柔软和温暖——不能让孩子只是一味理性、冷冰冰地不知人间冷暖,也不能让孩子一肚子文学情结,沉浸在多愁善感的作品当中,我们要培养的是感性和理性并存的孩子,所以在选书时，需要家长兼顾各种类型。

最后，提醒家长要选择版本。一是注意选择品质高的出版社；二是注意翻译作品的译者；三是注意书的装帧印刷质量。也可以选择不同出版社同一书名的书进行比对，选择最优版本。选书就是一个不断积累经验的过程。阅读尽量从起点高的位置出发，阅读的"口味"决定了阅读的品位。另外，我还要强调一点，家长买的书不一定都是孩子喜欢的，如果你买的十本书中只有一本孩子喜欢读，这也是很正常的事情。

如何让孩子爱上阅读?

常爸：您前面说过，阅读是孩子认识世界和自我发展的重要途径，也是学习语文、发展思维必不可少的环节，但是有些家长就很苦恼：我家的孩子天生就不爱读书怎么办呢？怎么让孩子爱上阅读呢？

李老师：首先，孩子天生不爱读书这是个伪命题，爱学习、爱阅读是孩子的天性，当看到图画和笔画组成的书本时，孩子的好奇心会驱使他去问、去想。如果孩子不爱阅读，家长需要从自己身上找找原因。

第一，家长有没有在孩子还很小的时候就让孩子和书交朋友。我所接触的孩子中，从小父母就有意识地陪孩子阅读的没有不爱阅读的。不过也不排除有些孩子就是不那么喜欢读书，那家长就应该读给孩子听。家长可以打开一本书，大声朗读，孩子可能正在玩玩具，那也没关系，你读的时候其实他在听，有时你读着读着停下来了，会听到孩子说："再读啊，我还要听。"遇到这种极少数不爱读书的孩子，需要家长非常耐心地根据孩子的性格特点，慢慢培养孩子的读书兴趣。

第二，家长有没有为孩子营造一个良好的阅读氛围。学龄前的孩子自我控制意识不强、解决问题的能力弱，很少有可以从一开始就自主阅读的，阅读最开始的代入一定是家长带着孩子读。

阅读对于家长来说是一件很轻松的事情，因为里面的文字、插图和逻辑我们都看得懂，对家长来说没有挑战。但是对于一个还不识字、抽象思维⑦尚待发展的孩子来说，看书有时就像是到了一片陌生的森林里——很无助、很痛苦，孩子没有安全感、挑战很大。这个时候，如果是坐在爸爸妈妈怀里，爸爸妈妈给自己读，那感觉应该就像是和爸爸妈妈一起坐碰碰车一样——既舒适又刺激，不再害怕和无助。这就是亲子阅读应该有的情绪——安全、愉悦。

⑦**抽象思维**：用词进行判断、推理并得出结论的过程，又叫词的思维或者逻辑思维。抽象思维以词为中介来反映现实，这是思维最本质的特征，也是人的思维和动物心理的根本区别。皮亚杰在其认知发展理论中提出，7~12岁的儿童抽象思维能力仍然有限，直到12岁，儿童的抽象思维能力才逐渐成熟。

第四章
学好语文，先让孩子爱上阅读

良好的亲子阅读习惯不仅能够让孩子爱上阅读，而且很多时候这种温情的感受会伴随孩子一生。通过读故事跟孩子一起克服困难，让孩子有安全感，这样的感觉不仅让孩子自己受益终生，而且还会传递到他长大后组建的家庭里，我认为这是比爱上阅读更重要的一点。

Q 常爸：是的，从小就给孩子创设良好的亲子阅读环境并且引导孩子喜欢书，对培养孩子的阅读习惯至关重要，所以我们总是说"父母是孩子的第一任老师"，这样的阅读启蒙必须从家庭建立起来。

您刚才谈到阅读是孩子的天性，孩子们天生对书本知识都是有好奇心的，那么，可不可以给家长们介绍一下哪些不适当的行为会破坏孩子的这种求知天性呢？

A 李老师：我认为主要有两个行为会让孩子失去阅读兴趣。

第一，让孩子自己选书的机会很少。

现实中，很多父母是根据自己的需要而强力推荐孩子读哪本书，给孩子选书的机会特别少。家长们不妨这样想一想：家里的一堆玩具，孩子会不会按着顺序玩？会不会全部都喜欢？当然不会，一般孩子喜欢玩的就那么一两个，更不会有计划地今天玩火车、明天玩积木、后天……孩子是按照自己的感受随机选的。那么读书也一样啊，孩子希望按照自己的意愿去选择读什么书。

有的家长心情低落的时候，看到一本励志的书觉得很受鼓舞，就硬要让孩子读，可是家长不知道，孩子这时候也许在幼儿园、学校受到了表扬，正经历人生小巅峰呢，你的推荐孩子不一定领情！虽然孩子是你的孩子，但是他的阶段和你的阶段不一样，他的阶段需要的书和你的也不一样，对于读哪本书，家长不要太执着，不妨"简政放权"，尊重孩子的选择。

第二，家长不爱读书。

如果父母成天抱着手机、围着电视、从不看书，那么孩子不爱读书的概率就会加大。所谓"言传身教"，最好的教育来自生活中潜移默化的影响。学龄前的孩子受父母的影响最大，父母的言行首先会被孩子当作榜样来模仿，所以想要孩子爱阅读，请父母放下手机，参与到读书中去。

第四章
学好语文，先让孩子爱上阅读

常爸：很多家长做到了让孩子自己选书，但也会有一个小问题：孩子总选很多书中的某一本或者某几本，以至于家长把那几本书都读了很多很多遍，但是孩子还是坚持要听那几本，遇到这样的问题，我们家长该怎么办呢？

李老师：孩子喜欢重复读同一本书的问题，其实有其心理发展阶段的原因。孩子有时害怕探索新的环境，熟悉的东西能够让孩子有安全感，而且孩子的理解力有限，有些家长已经司空见惯的东西，对孩子来说却是需要一遍遍重复才能理解。另外，孩子都喜欢模仿，这样重复对他们学习新能力是必需的。

孩子起初对这本书感兴趣，第一可能是好玩、刺激，他能够理解；第二是语言形式让孩子觉得有意思，孩子能够从中获得意义。就像我们大人读一本经典名著一样，有时候我们也不可能一次性消化其中的内容，我们也同样要读两遍、三遍，甚至八遍、十遍，而每一次重读，可能都有不同的感悟。孩子爱重复读一本书也是一样，重复的每一遍，孩子都在探寻他认为更加有用的东西，不是家长认为的简单重复。

Q 常爸： 那家长就任由孩子重复读一本书很多遍吗？我是说，比如，我本人给孩子读同一本绘本可能不下 100 遍了，真的已经要读"吐"了。

A 李老师： 面对这样的情况，家长不要硬性强扭，也不要表现出不耐烦，因为有时看到家长被自己强迫，孩子会有愉悦感的，看到作为权威的家长在他面前低头还是很有成就感的。所以家长在这种时候应该还要耐着性子像第一次读那样读给孩子听。

但是这个情况肯定要转变，因为读到 20 遍的时候孩子也许就已经把书读透了，再读下去是在浪费宝贵的亲子共读时光，我们要介入新书，给孩子看更大的世界。

那怎么办呢？家长可以找和孩子感兴趣的这几本类似的书，以一种比较神秘的或者游戏的方式介入，如果能够吸引孩子读下去，那么这本书的替换就成功了。

千万不能硬性地说："我们不能再读这本书了，换本其他书吧，爸爸都快读'吐'了！"

孩子读书是被吸引的，不是被要求的。

亲子阅读时，孩子总爱走神怎么办？

Q 常爸：家长给孩子读书的时候，孩子有时会不认真听，或者经常打断家长，这种阅读时总是走神的情况该怎么办呢？

A 李老师：孩子在阅读的时候总是走神，说明孩子进入不到这本书的情境当中，可能是听不懂也可能是不感兴趣，孩子的内心和这本书的内容建立不了联系，那么他就会总是走神。这个时候家长要考虑让孩子自己选书了，阅读孩子自己选的书，他还是走神，那就按照之前的方法去吸引孩子读书。

还有一个值得家长注意的事情，那就是亲子共读不能只是睡前故事。随着孩子年龄的增长，阅读地点应该从床上到沙发上再到书桌上，这种形式的变更也许能够帮助孩子保持甚至提高阅读兴趣。

有时候形式决定内容，总是每天晚上在床上读书，这种方式孩子慢慢会厌倦。因为躺着的时候孩子是被动的，除了大脑,肢体是不参与阅读的,但是坐在沙发上时他就可以用手自己翻页了,再到书桌上时孩子就更主动了,他可以自己选、自己翻、自己看,这样孩子的自我意识就觉醒了,自然就不会走神了。

怎样用绘本给孩子进行语文启蒙?

▼

常爸: 您之前给我们介绍过 3~6 岁的孩子进入书面语启蒙期,家长应该以书本为主进行语言启蒙,很多家长也是这样做的,不过家长读完一本本绘本之后,总觉得好像收效不大——也不知道孩子有没有听懂,让孩子复述故事内容孩子也说不出来。家长们很疑惑:这样读绘本能给孩子语文启蒙吗?

李老师: 通过读绘本给孩子进行语文启蒙,如果能做到以下几点,效果会更好些。

第一点,父母读完故事不要急于表达自己的感受,应该多听孩子的感受。 我们不能把孩子养得懒惰起来,一定要让孩子勤于思考、勤于表达,不能总是说:孩子还小,还不太会。事实是,孩子即使还不会说话,他也会咿咿呀呀指着他喜欢的图画表达自己的想法，这个时候父母应该用眼神、笑容鼓励孩子，对孩子来说，这是一种及时奖励[8]。就像玩游戏通关会有奖励一样，我们孩子每一次阅读的表现都应该得到父母的鼓励。这种鼓励应该是真诚的、带有情感的，不一定追求跟孩子说了多少话，摸摸头、抱一下、笑一笑这样的方式都能让孩子感受到他阅读的进步，这可以帮助孩子建立在以后的学习和人生中必不可少的自信。

第二点，经常给孩子创造表达的机会。有的孩子阅读很细致，关注一些细节，但是讲不清楚故事的逻辑；有的孩子正好相反，看故事的大概情节，具体说到某个细节，他就不知道了。这两种情况都需要矫正和训练，最好的方法是给孩子展示的机会。展示不一定非得上舞台，让一群人看着孩子才行，现在的通信工具比较发达，你可以将孩子的相关视频发到家庭群里，也可以发给自己的朋友。孩子每一次讲故事其实都是在自我构建，长此以往的训练其实就是在让孩子

---

[8] **及时奖励**：心理学研究表明，如果儿童经常性地不能觉察他所操作活动和结果之间的关系，就会发展成一种冷漠的状况——活动无助，即认为自身活动不能引起任何有意义或期望的结果，因而停止活动。儿童一旦获得了"活动无助"，就会失去学习的动机和兴趣。因此，在学校和家庭教育中，在儿童某种值得奖励的行为发生后的短时间内给予其奖励，会收到相当好的效果。

练习表达。需要注意的是,不要把这种展示变成一种"显摆",而是提供一个平台。

第三点,在合适的时候结束伴读。如果孩子愿意自己读书,就不要让他坐在你的怀里或者旁边了,找一张书桌,让孩子和家长一起读书,读完后交流感受。在妈妈的臂弯里读书,看上去很温馨,但如果到了该独立阅读的时候还是这样,那就是在慢慢剥夺孩子的自信和自主能力。所以我们要打造一个一家人坐在一起静静读书的氛围,孩子不懂的时候,可以问一问爸爸妈妈,一家人之间也可以就书中的某个观点讨论一番——这是通过书本在建设一种家庭文化,其意义远远超过阅读本身。

本章小结

※ 好的儿童读物应该和孩子的生活和心理相联系,能够帮助孩子解决现实问题。

※ 应该让孩子多读一些本源性的书。所谓"本源"就是有哲学意味,这样的书能够给孩子更多的启示,为人生打基础。

※ 给孩子选书时,家长需要关注三个原则:第一,尊重孩子的成长发展规律;第二,从孩子的兴趣点着手;第三,要读各种类型的书。

※ 孩子天生不爱读书这是个伪命题,爱学习、爱阅读是孩子的天性,当看到图画和笔画组成的书本时,孩子的好奇心会驱使他去问、去想。如果孩子不爱阅读,家长需要从自己身上找找原因。

※ 孩子在阅读的时候总是走神,说明孩子进入不到这本书的情境当中,可能是听不懂也可能是不感兴趣,孩子的内心和这本书的内容建立不了联系,那么他就会总是走神。这个时候家长要考虑让孩子自己选书了。

※ 一家人之间也可以就书中的某个观点讨论一番——这是通过书本在建设一种家庭文化,其意义远远超过阅读本身。

第五章
识字的正确方式

有研究表明,汉语的常用字只有两三千字,孩子在掌握了五六百个较为常用的字之后,一般的儿童书基本都能读懂。那么家长就得结合自己孩子的性格特点和兴趣爱好,选择一系列好书让孩子阅读,读得越多,字复现的频次越多,那么孩子认字就会越快。

读绘本的时候给孩子点读认字好吗?

▼

常爸:很多低龄段孩子的绘本字数比较少,有些家长会在给孩子读故事的时候一个字一个字点着读,想通过这种日积月累的方式让孩子识字,您认为这种识字的方式好吗?

李老师:我不提倡读绘本的前几次就点读。因为点读追求的是一一对应,让孩子认字、识字。我们之前聊过,对学龄前的低幼儿童,语文启蒙最重要的是要建构语言、提升思维,所以在给孩子读绘本时,应该把语言文化的传达和思维的训练作为第一目标,而不是识字。有的家长习惯指着文字扫读,让孩子对于讲述的内容和文字有个大致对应关系连接是可以的。在这个过程中,如果孩子对识字表现出自主的兴趣,是可以引导的。识字只是阅读的副产品,孩子如果能够在阅读中自然而然地认识一些字,当然是好的,如果没有,那也不必强求。

家长要转换角色想一想,阅读的时候孩子需要理解文

第五章
识字的正确方式

字中的语言、想象书中描述的画面，还要加入自己的价值判断，这对于一个学龄前的孩子来说，困难已经很大了，如果还要加上眼睛跟着父母的手指头识字这一项，孩子很有可能会吃不消——这样识字的效果不好，阅读的效果也不会好。

想象一下家长声情并茂地给孩子演绎一本绘本和一字一顿地用手指点着字读，孩子更喜欢哪个？哪个更能达到我们的启蒙目标？孩子当然更喜欢前者，有过点读经验的家长一定有这样的经历——孩子不耐烦地说："快点快点，读得太慢了。"强扭的瓜不甜，如果孩子不喜欢，那怎么能达到家长想要的识字目的呢？自然也不可能对孩子语言的建构和思维的提升有任何帮助，家长何苦要如此呢？

如果真的还是想要孩子识字，那么等这本绘本讲了很多遍、孩子已经很熟悉故事情节了以后，而且孩子也认可点读的方式时，再进行点读识字。不过如果孩子不接受，请不要强迫。

读故事就好好读，不要给孩子强加识字这个要求，识字不着急，慢慢来。最紧要的是家长的启蒙方向要正确，智慧的父母一定是不慌不忙、静待花开的园丁，而不是坐立不安、揠苗助长的农夫。

句子里的字都认识，
单拿出来就不认识了怎么办？

▼

常爸：您前面讲过不提倡给孩子读故事的时候点读认字，有些家长做到了，但等到孩子能独立阅读后还是不断有小问题冒出：有时候孩子貌似看懂了一本书，但是当家长有意无意测试孩子的认字程度时，比如，走在街上问孩子那个店铺牌匾上写的是什么呀，孩子不认识，可是明明在那本读过的书里孩子认识的呀！

为什么会出现这种书里的字认识，但是单拿出来就不认识的情况呢？家长又该怎么办呢？

李老师：句子中的字认识，单把字拿出来孩子就不认识了，说明孩子不是认识了这本书里一个一个的字，而是理解了整体的语境。

这个现象很好理解，我们大人也会有这样的情况："深圳"的"圳"单拿出来是不是想半天也不认识？杀死岳飞的奸臣万

第五章
识字的正确方式

俟禼（mò qí xiè），他名字的这几个字放在一起，很多人都认识，但是单拿出来，又有多少人能读对呢？原因是什么呢？因为我们是在语境中认字的，确切地说，我们认的不是字，而是词语。

这样想，我们孩子不认识一些单字就再正常不过了，但是从认字的角度来看，孩子的确没有学会这个字，这是个事实。

识字也得区别对待，如果是初中生、大学生把句子里的字单拿出来就不认识了，那我们可以批评他没有学好语文；但是如果是一个幼儿园的孩子，为什么要让他拆开都认识呢？就好比介绍孩子认识一个人，非得让孩子看一下这个人的手就认识这个人？

我们嘲笑盲人摸象，但是在教孩子识字的时候恰恰就是这么做的！孩子在语境中认字，不妨碍他阅读，这就可以了，不必非得让孩子认识每个单字。

对低龄段的孩子来说，识字应当是在阅读语境中、生活的情境中自然习得。

在现代社会，学龄前的孩子轻松习得二三百字是没有什么问题的，不要强求孩子去认识更多的字，能认识多少算多少。对孩子的语文启蒙一定是在低压力和熟悉的环境中进行，家长不必操之过急。识字最终还是要回归到阅读中去，如果孩子不认识单字，但是阅读完全没有障碍就没有问题，家长不必纠结单拿出来是不是认识。要求孩子认识一个一个的单字，最大的好处大概就是家长能测试孩子的识字量，而这恰恰是出于家长的想法，而不是为孩子着想，对孩子的语文学习也没有丝毫的帮助，只能徒增家长自己的焦急情绪，我认为这是完全没有必要的。

第五章
识字的正确方式

怎样教孩子识字才能高效而有趣？

▼

Q 常爸： 虽然我们一般不强求孩子学龄前的识字量，但是有些学校，特别是私立学校，在招生时，对于识字量还是有要求的，家长也是迫不得已要教孩子识字。

那么对于这些不得不教孩子识字的家长，您有哪些高效又有趣的方法可以介绍一下吗？

A 李老师： 怎样识字才算高效、有趣呢？那就得让孩子开开心心地学，而且要学得很快、记得很牢——最好的方法是多阅读和多运用。

多阅读，让这些字不断地复现。有研究表明，汉语的常用字只有两三千字，孩子在掌握了五六百个较为常用的字之后，一般的儿童书基本能读懂。那么家长就得结合自己孩子的性格特点和兴趣爱好，选择一系列好书让孩子阅读，读得越多，字复现的频次越多，那么孩子认字就会越快。

多运用，就是在情境中、生活中、语境中认字。看到花池里写着"别碰我，我怕疼"的小标牌，很多孩子都会去问爸爸妈妈："写的是什么呀？"父母在这个时候就教孩子认一认这几个字，以后孩子再经过这个小花园的时候，他也许还会自己再读一遍，等到孩子再看到一本绘本上有这几个字的时候，也会自然而然地读出来。这就是把生活中认的字用到阅读中，用一个偶然的情境把认字和阅读联系起来，无形中提高了孩子的阅读兴趣和自信心。我不主张用汉字卡片这种孤立的识字方式。这种识字方式虽然快，但是没有语境和生活情境，让汉字变成了一团散乱的东西，和孩子的生活联系不到一起，记忆并不牢固。

　　人们都对体验过的事情记忆比较深刻。就像孩子在幼儿园是怎么认识小朋友的呢？有的可能每天和他玩，他就认识了；有的可能是打过他一巴掌，那他也认识了；有的呢，可能给过他一个好吃的或者小玩具，他就认识了。不认识的是哪些呢？是没给他吃的、玩的，也没和他玩过、打过架的——压根没有过交集，当然不认识。识字是一样的道理，家长在日常生活中要开动脑筋，不仅让孩子认字，还要多运用。

第五章
识字的正确方式

本章小结

※ 识字只是阅读的副产品，孩子如果能够在阅读中自然而然地认识一些字，当然是好的，如果没有，那也不必强求。

※ 句子中的字认识，单把字拿出来孩子就不认识了，说明孩子不是认识了这本书里一个一个的字，而是理解了整体的语境。

※ 对低龄段的孩子来说，识字应当是在阅读语境中、生活情境中自然习得。

※ 我不主张用汉字卡片这种孤立的识字方式。这种识字方式虽然快，但是没有语境和生活情境，让汉字变成了一团散乱的东西，和孩子的生活联系不到一起，记忆并不牢固。

5~6岁：幼小衔接的语文启蒙

第六章
幼小衔接的语文学习

幼小衔接阶段的重点并不是像很多家长想的那样是识字、学拼音、背古诗,而仍然是打基础——"听"有意义的内容、"说"孩子自己的想法。

听说能力是幼小衔接的核心

▼

常爸：您之前说过，对于学龄前的孩子，语文启蒙最重要的是让孩子明白，也就是去除蒙昧，让孩子理解语言和文化背后的东西。这个时候的孩子不应该有太多知识方面的学习压力。

但到了孩子5~6岁幼小衔接阶段，很多家长都认为马上就要进入小学了，该让孩子学习了，要不然上了小学跟不上了，但是又不知道从何入手。在幼小衔接这个阶段，家长对孩子语文启蒙的重点到底是什么呢？

李老师：我认为听说能力是幼小衔接的核心。为什么呢？相对于"读"和"写"，"听"和"说"对这个阶段的孩子来说是比较小的挑战。

先说"听"：这个时候让孩子多听故事、听英文、听音乐，只要是有意义的、孩子感兴趣的内容都可以让孩子反复听。这种听的学习孩子是无意识的，家长可以像安排课程一样有意识地给孩子听优质的内容，这样的内容同样可以让孩子去思考，能够发展孩子的思维，也能让孩子发生价值判断和情感参与。

再说"说"："说"就是表达，这是为了孩子上小学后与人交流无障碍。我们老师经常遇到这样的孩子，上了小学不是很会和老师沟通——想去洗手间，但是说不出来，只会拉着老师的衣角跺脚。上幼儿园时，老师对孩子生活上照顾比较多；在家时，家长的关注度也是很高。所以有时候可能孩子不用费心思去说出来，一个动作、一个眼神，幼儿园老师和家长就明白了孩子的意思。因此上小学的时候，很多孩子的表达能力并不过关，需要家长们注意多加训练。

具体怎么训练呢？

首先，在家里不管说什么事情，不要总是不让孩子插嘴，孩子有表达意愿的时候，一定要耐心地让孩子说出自己的观点，把孩子当成一个朋友，蹲下身来，让他参与到讨论中。

其次，关注孩子说话的条理性和逻辑性，但是纠正的时候要注意策略，比如，孩子说得颠三倒四，家长不能说"你说错了，应该这样说……"你这么说，孩子肯定不愿意听——永远不要轻易说孩子错了，正确的方式是给他做示范："我听明白了,你刚才说的是这三条……"这样孩子一听很清楚,他就知道了,原来像爸爸这样说简单多了,他就学会了。

Q 常爸: 所以幼小衔接阶段的重点并不是像很多家长想的那样是识字、学拼音、背古诗,而仍然是打基础——"听"有意义的内容、"说"孩子自己的想法。

A 李老师: 是的,这个年龄段孩子的主要任务不应该是大量、无意义地进行机械记忆,还是前面的那个比喻:先把小马的身体养好,现在还不是让他拉车的时候。这个"养"不是放着不用,而是不断"训练"。"养"是培养,不是养尊处优。

到底要不要让孩子去上学前班？

▼

常爸：我曾经经历过这样一件事情——朋友聚会聊到该不该让孩子上学前班时，一位有二宝的家长告诉我们，一定要让孩子上。理由是他家的大宝没有上，结果上了一年级后特别费劲，作息、学习习惯都与幼儿园不一样，而且其他同学都会的他的孩子不会，孩子自己特别沮丧。这位家长说如果时光可以倒流，他一定要让孩子去上学前班。对于幼小衔接的学前班，您的建议是什么呢？到底应不应该上呢？

李老师：从国家政策上来说，在幼儿教育比较完善的地区是不提倡上学前班的。

幼儿园和学前班是学前教育的两种不同形式：幼儿园是学前三年教育，学前班是学前一年教育，两者都属于学前教育，两者之间不存在衔接关系。学前班是针对我国幼儿教育比较落后的农村和小城镇地区不能普及三年幼儿园教育的情况下，所设置的学前一年教育，是幼儿园数量不足的一种辅助和补充，而不是比幼儿园高一级的教育形式。

很多家长望子成龙，错误地认为让孩子学习很多知识就能赢在起跑线上，其实不是这样的。5~6岁是开发孩子智力的黄金时期，这个时候应该通过各种游戏活动让孩子动手、动脑，从而培养孩子探索世界、解决问题的能力，而这正是幼儿园教育的主要任务。过早地让孩子学习知识，不但对开发孩子智力无益，甚至有害。

虽然从孩子的身心发展规律来说，孩子上学前班是不值得倡导的，但是家长还是要综合考虑现实情况再做决定。需要考虑的因素主要是孩子一年后要入学的小学的要求。

虽然现在很多学校都是要求零基础入学，但是也有部分学校有一系列的入学要求，包括识字量、拼音、英语、算数，尤其是一些私立学校，为争夺优秀生源，会做出很多这样的规定。如果你家孩子即将入学的小学有这样的规定，家长还是要有意识地考虑下这个问题。

不过要学也不一定非得去学前班，有的幼儿园也会介入少量知识学习——虽然国家已经明确提出了幼儿园不要小学化，但是不同区域的执行力度有所不同，有的幼儿园还是会在大班时教知识类的内容。

如果幼儿园不教,家长有时间的话也可以自己在家教一教孩子,但是依然要坚持我们的大前提:让孩子在语境和情境中学——比如,在阅读中识字、在生活中教英语、带孩子购物的时候学算数。需要注意的是,我不建议家长拿着小学课本直接让孩子学,这样对孩子的伤害是比较大的。如果孩子在家长的带领下"学"了课本,孩子就认为自己学会了,但实际上他是一知半解的,有时也许只是学会了几个字而已。如果孩子认为自己都会了,在入学后就会对要学的课本内容不感兴趣,这对孩子来说是一种伤害。

如果家长实在没有时间,那么也可以考虑上学前班,但是上学前班也要考察、试听一番,家长要去看看那个学前班里孩子的面部表情、精神状态、学习习惯。好的学前班会用各种适合这个年龄段的教具和方法,让孩子不至于接受机械训练,毕竟孩子要在学前班里度过200多天,家长应该自己先去感受一下里面的氛围。

Q 常爸: 所以,对于孩子要不要上学前班,家长应该考察即将入学的小学的要求,如果对识字、算数等有要求,

第六章
幼小衔接的语文学习

而自己又无暇教孩子的话,可以选择上学前班,但也要关注所要选择的学前班的教育方式,另外还要有意识地观察孩子,以防孩子养成不好的学习习惯。

A 李老师: 对,根据我们在学校的观察,家长想让孩子上学前班提前学习知识,以防入学后赶不上的忧虑是多余的。假如是学习能力相对强的孩子,他即使是零基础,上小学后基本上一两个月就会完全赶上来;如果学习能力中等,也没必要提前学小学的内容,因为到了小学,中等水平的孩子是学校关注的主要群体,比如一个班里有 35 个孩子,老师可能会根据处在中等的 25 个孩子的水平来教学;如果学习能力和接受能力相对较差,需要家长提前做工作——主要是建立孩子的自信,而不是让孩子上学前班。因为,在学前班提前学的内容是有限的,而当学习新内容时,孩子如果依然没有自信和学习能力,那么依然跟不上,这个问题不是上学前班就能够解决的。

因此,如果入学的小学没有要求,我是不建议让孩子上学前班的。学前班的目标很明确,就是书写和计算,学习这两项最好的办法就是机械训练。而等到孩子进入小学后能慢慢理解了,再去学,效果会更好些。有些事情,慢慢来,才比较快。

常爸：家长们还有一个事情有点担忧——如果新入学的班里很多孩子都上过学前班，掌握了一些知识，老师会不会一看这么多孩子都学过了，就略过一些内容的学习？如果那样的话，就算孩子学习能力没有问题，也没办法一下子赶上去。

李老师：我在学校工作很多年，可以负责任地告诉家长们：老师这样做的可能性非常小。因为班级授课制是我国现阶段主要的教学组织形式，从学期伊始，每月、每周甚至每天，老师要讲的教学内容都已经以教学计划的形式规定下来了，所以每一节课要讲哪些内容老师是不能随意改变的，需要一周时间学完的内容老师不可能三天就教完。

现在大部分公立小学都默认孩子零基础入学，内容也相应从零开始，老师会按照国家规定的教学内容慢慢推进，不会略过某些内容赶进度。所有的老师都希望学生能学会，会关注还没有学过相关知识的孩子，一般不会有问题，所以家长没必要在这个问题上焦虑。当然，也不排除有些地方的小学有超前教学的可能，家长们可以根据当地小学的具体要求做出相应的调整。

本章小结

※ 幼小衔接阶段的重点并不是像很多家长想的那样是识字、学拼音、背古诗,而仍然是打基础——"听"有意义的内容、"说"孩子自己的想法。

※ 从国家政策上来说,在幼儿教育比较完善的地区是不提倡上学前班的。

※ 如果入学的小学没有要求,不建议让孩子上学前班。学前班的目标很明确,就是书写和计算,学习这两项最好的办法就是机械训练。而等到孩子进入小学后能慢慢理解了,再去教,效果会更好些。有些事情,慢慢来,才比较快。

第七章
关于识字、写字的迷思

在上小学之前,孩子会写自己的名字就可以了。如果孩子愿意写字,家长可以教孩子写一些字,但是需要注意孩子的坐姿、执笔姿势;如果孩子不愿意写,家长就不要强迫孩子写。上小学后老师不会考查每个孩子的识字量、不会看哪个孩子写字写得好,没有哪个老师会说识字多、写字好的孩子肯定更优秀。老师只会观察孩子的学习习惯和学习能力,优秀的孩子一定是在思维、表达和习惯这几个方面比较出众。

第七章
关于识字、写字的迷思

学前阶段识字、写字是不是必须要提上日程了？

▼

Q 常爸：上小学之前不管上不上学前班，是不是识字和写字都得稍稍介入一些呢，这样是不是孩子上小学进入状态会更快一点儿？

A 李老师：在上小学之前，孩子会写自己的名字就可以了。如果孩子愿意写字，家长可以教孩子写一些字，但是需要注意孩子的坐姿、执笔姿势；如果孩子不愿意写，家长就不要强迫孩子写。上小学后老师不会考查每个孩子的识字量、不会看哪个孩子写字写得好，没有哪个老师会说识字多、写字好的孩子肯定更优秀。老师只会观察孩子的学习习惯和学习能力，优秀的孩子一定是在思维、表达和习惯这几个方面比较出众。

识字量的问题和背诵古诗词是一样的道理，如果只是浅显地认识了、背会了，而没有内化为自己的东西，那样的量的积累是无用功，别人很快就会追上来的。结果往往是，家长让孩子花了一整年的时间认识了 300 个汉字，别的小孩用一学期就达到了一样的识字量，甚至更多。

人为地提前训练孩子大量写字是不提倡的，不仅对孩子无益，有时候也是对小学老师的一种困扰。因为在孩子五六岁时，视力、腕力还没有发育完善，强行让孩子每天写字，孩子会出现离书本过近、握笔力量不足等问题，但孩子还是得去写啊，那么就会导致坐姿、书写姿势、握笔方式不正确的问题，上了小学就很难纠正过来了。很多小学的老师们仍然很努力地去纠正孩子，但是有的孩子不正确的坐姿和握笔习惯都已经保持了一年以上，这样的情况纠正过来很难。

所以，家长可以教识字，让孩子在生活中自然习得，能认识多少就认识多少，不必追求数量。如果要教写字，需注意孩子的书写方式和习惯，也不要过多让孩子写；如果不教，也没有问题，进入小学后老师会以更加专业的方式慢慢教孩子。

第七章
关于识字、写字的迷思

信息时代,书写还有那么重要吗?

▼

常爸:对于书写的重要性,很多家长有些质疑。因为现在大家都是用电脑办公,貌似写字的机会不是很多。而且如果有不会写的字,电脑上查一下就可以了,现在输入法也比较智能,会自动跳出我们想要写的字,所以看上去会不会写、写得好不好并不影响我们的生活和工作。在这样一个时代,书写真的还有那么重要吗?

李老师:是的,即使在信息时代,写字还是很重要。每个汉字的构成都是汉族先民思维方式的留存,是一种思想符号化的过程,所以,写字的背后体现的其实是人思维的发展。

首先,从本源上讲,字是思维的工具,如果仅仅是识字、写字,我认为那是非常浅表的东西。古长城山海关的城楼上,挂着一块横额牌匾,上面写着"天下第一关"五个大字,其笔法苍劲有力,神韵庄重潇洒,我们看的时候都能够体会得到,书法家当时需要酝酿情绪、整理思维、运用力量调动很多资源才能写得出来，可见书写并不是一件简单的事情。

其次，写字也是训练审美和传承文化的过程。我们要求孩子把字写得美观、大方，要求字的占位比例合适，这其实就是一种审美能力的训练。从传承文化的角度说，汉字本身蕴含着丰富的文化知识，中华文化不会消亡，汉字不会消亡，那么汉字书写也不应该消亡。作为一个中国人，我们的汉字书写不仅不应该减弱，反而应该加强。

再次，书写对于孩子记忆和理解汉字起到了很关键的作用。阅读和书写是人类需要通过后天训练发展出来的技能。孩子一开始认字，以形象思维为主，像记忆图形一样记住一个字，而通过一笔一划的书写练习，孩子才得以对汉字的字形、字义有着更为深入的理解和记忆。

现在大人们看上去用电脑办公，不需要书写了，但实际上书写汉字的动作和思维在我们小时候已经训练过了，已经成为了我们可以去使用的工具了。但是对于孩子来说，该走的路都还没走，那么他未来的路可能是走不好的。不管在哪个年代，都应该写汉字，把汉字写好。

第七章 关于识字、写字的迷思

本章小结

※ 在上小学之前,孩子会写自己的名字就可以了。

※ 识字量的问题和背诵古诗词是一样的道理,如果只是浅显地认识了、背会了,而没有内化为自己的东西,那样的量的积累是无用功。

※ 即使在信息时代,写字还是很重要。每个汉字的构成都是汉族先民思维方式的留存,是一种思想符号化的过程,所以,写字的背后体现的其实是人思维的发展。

第八章
关于拼音学习的疑问

拼音是识字的工具。孩子在没有学习识字之前单纯地学习拼音是本末倒置了。现在小学课本里的学习都是先学识字,后学拼音。我认为家长没必要非要让学龄前的孩子提前学习拼音,不过如果当地小学入学有要求,家长也不要太过纠结,可以适当提前教孩子一些基本内容。

家长需要教学龄前的孩子学拼音吗?

▼

Q 常爸：有很多父母会在家挂一个汉语拼音表，市面上也有很多迎合父母需求的拼音学习书和卡片、挂图，您认为对于幼小衔接这个阶段的孩子，家长有必要在家提前教汉语拼音吗？

A 李老师：拼音是识字的工具。孩子在没有学习识字之前单纯地学习拼音是本末倒置了。现在小学课本里的学习都是先学识字，后学拼音。我认为家长没必要非要让学龄前的孩子提前学习拼音，不过如果当地小学入学有要求，家长也不要太过纠结，可以适当提前教孩子一些基本内容。

英文自然拼读与拼音混淆了怎么办?

▼

Q 常爸: 很多家长现在对孩子的英语启蒙非常重视,很早就开始学习了字母和自然拼读,但是等孩子学了汉语拼音后,有些孩子就出现了混淆这两种语音的现象,请问这个问题该怎么解决呢?

A 李老师: 自然拼读和拼音混淆是从"识音"的阶段开始的,"听音"阶段不会出现这个问题,孩子听儿歌能分得清楚是英语还是汉语。

上了小学之后,拼音是放在阅读后面的两个单元才开始教,这个时候开始给孩子标注拼音,教孩子怎么拼出正确的读音,把字和音的联系建立起来,帮助孩子识字、阅读。而整个小学阶段,英语是不教音标和自然拼读的,都是一个单词、一句话整体去读。另外,语文课和英语课这样的科目都会给孩子划清界限,孩子会自动转换思维,所以基本不会出现和拼音混淆的情况。

常爸：学校里不教自然拼读，也有不同科目的设置，孩子也许区分得比较清楚。但是有些父母借助音视频已经让学龄前的孩子学了自然拼读，出现了一些混淆的情况，比如字母A，在汉语拼音的时候，孩子也要反应一下，才能够想出"啊"的发音，这样的情况该怎么办呢？

李老师：即使孩子在家学习了自然拼读，出现了混淆的情况，也没有关系，因为上学之后还会反复再学习，而孩子自己会慢慢意识到这个问题，自己会主动琢磨怎么解决。家长这时候的担心其实是一种人为的焦虑。你看着孩子游泳，学了好多天也游不了5米，难道他就一辈子也游不了5米吗？孩子得多加练习才能达到更高水平，这实际上是一个成长的机会，家长的担心是多余的，假以时日，孩子都能游得很远，也都会分得清英文字母和汉语拼音。

第八章
关于拼音学习的疑问

本章小结

※ 拼音是识字的工具。孩子在没有学习识字之前单纯地学习拼音是本末倒置了。现在在小学课本里的学习都是先学识字，后学拼音。我认为家长没必要非要让学龄前的孩子提前学习拼音，不过如果当地小学入学有要求，家长也不要太过纠结，可以适当提前教孩子一些基本内容。

※ 语文课和英语课这样的科目都会给孩子划清界限，孩子会自动转换思维，所以基本不会出现和拼音混淆的情况。

※ 即使孩子在家学习了自然拼读，出现了混淆的情况，也没有关系，因为上学之后还会反复再学习，而孩子自己会慢慢意识到这个问题，自己会主动琢磨怎么解决。

第九章
听音频学语文 & 自主阅读

我希望将来的中国家庭应该是这样的：年轻的父亲在读书，年幼的儿子也在读书；步入晚年的父亲在读书，已近中年的儿子也在读书。而不是小时候一回到家，你玩你的手机，我看我的动画片；长大了，你追你的养生节目，我忙我的工作。

第九章
听音频学语文 & 自主阅读

听音频：孩子学习语文的新途径，但不能替代阅读

▼

常爸：现在音频形式的内容非常多，家长利用碎片时间，吃饭、坐车、等车的几分钟就能让孩子听一则有趣的故事或者一个科普小知识。但是长此以往，家长会发现孩子听音频听得多了就不喜欢自己读书了，而且有些故事听完就完了，也没有内化成自己的东西，出现这种情况，家长们该怎么办呢？

李老师：我们不能把孩子交给手机，不能把孩子交给玩具，不能把孩子交给保姆，不能把孩子交给老师，同样的道理，我们也不能把孩子交给音频。家长们得时刻明白：孩子学习的途径一定不能是单一的。听音频，只是学习语文的途径之一，不是阅读的替代物，就像阅读也不能替代听音频一样。

从一开始家长给孩子引入听音频的学习就应该有限度，规定每天就只能听 20 分钟或者两个小故事，不要一直听下去。我们为什么要这样规定呢？因为现在的音频内容太多、

太丰富，简直追都追不过来。

现在这个时代不像家长们小时候，只有电视机，而且动画片、电视剧每天只有一集，今天的看完了既没有办法往前看也没有办法回播。可是现在的孩子，如果喜欢一个内容，家长可以把整整30集都下载下来让他听、让他看。孩子就容易沉浸其中不能自拔，书也不想读了、作业也不想写了。

这是这个快速发展的信息时代带给孩子的体验，这种"快"和"多"相应地也会给孩子带来很多负面影响。

第一，太快、太容易得到满足感，让孩子失去耐性。我们发现现在很多孩子性格急躁，想要的东西立马就要拿来，爸爸妈妈也很配合，孩子想要什么，快递、便利店随时随地马上买。当所有的需求都被提前满足了，就会造成很多孩子没有耐性。

第二，太多内容让孩子无法细细品味，增加孩子的虚无感。其实阅读也存在这样的问题，就是这个信息泛滥的时代，看似孩子读了很多书、听了很多书，但是孩子无法从中发现自己，因为他没有去精读精听、反复读反复听。很多时候孩子因为追求速度，心里只想着要看新书、听新的音频，并没有在听别人的故事时想自己的人生，也没有在这本书、这则故事中看到自己的存在，即使看的、听的再多，也不能对孩子产生很多积极的影响。

上个世纪很多人喜欢读苏联文学，喜欢看《钢铁是怎样炼成的》这本书。读到"人的一生应当这样度过：当他回忆往事的时候，他不会因为虚度年华而悔恨，也不会因为碌碌无为而羞愧"时，他们会反复读很多遍，甚至背下来。因为他们觉得这句话值得品味，值得谨记在心，到最后就变成了自己的人生信条。而现在快餐式的音频内容，很可能让孩子无法深入地去体会、思考更深层次的内容。

所以我认为，对于听音频这个问题，家长需要警醒，不能用这种方式作为孩子学习语文的主要或者唯一途径，一定要做到有质量、有限度。

常爸： 那么对音频内容质量的把控，您能不能给家长介绍一些应该注意的方面？

李老师： 现在的音频内容的确像个汪洋大海，其中良莠不齐的情况是存在的，有的是投其所好、有的是粗制滥造。首先,家长一定要自己试听之后再给孩子听,确保内容的价值观没有问题;其次,尊重孩子的兴趣,比如孩子想听历史,家长不必规定必须听故事、听艺术,只要孩子的要求不越界,都尽量按照他的兴趣听;最后,要关注孩子情感的发展,如果孩子五六岁了,内心发展已经经过了低幼时期,就不用整天让孩子听奶声奶气的故事了。

如果家长根据孩子成长阶段的需求,给孩子介绍了他所感兴趣的、优质的音频材料,那么家长所希望的学习是会发生的,但是不一定会表现出来。这实际上是孩子经历的一个阶段,他在听的过程中就在无意识地模仿,语言结构、说话方式都一并在内化学习,但是不一定有很外显的变化,家长不要强求孩子能一下子背出一段、说出什么道理。和读绘本一样,家长需要引导,如果孩子不愿意也无妨,成长是在无声无息中发生的。

怎样让孩子逐步过渡到自主阅读？

Q 常爸： 李老师，现在很多家长都很重视从小培养孩子的阅读习惯，所以在孩子很小的时候家长就开始读故事，一直读到上小学。很多孩子的确因此很喜欢听故事，但是却不喜欢自己阅读，渐渐地养成了听家长读书的习惯，家长们很想知道：怎么样才能让孩子自己读书，不再总让家长伴读？

A 李老师： 关于独立读书的年龄，每个孩子不太一样，因为是不是能够独立读书，取决于孩子是否有独立自主能力。独立的能力是个联动的过程，如果有家长说自己的孩子很大了还不能自己读书，那么很有可能这个孩子在其他事情上也不独立，比如，做家务、照顾自己。

现在每个家庭的孩子都比较少，而家里大人比较多，所以很多事情都是大人帮孩子包办：孩子小时候帮孩子穿衣服、穿鞋、背书包、收玩具，大一点了也不让孩子收拾课本、洗自己的袜子，更别提帮家里做家务了。这是中国家庭面临的一个大问题——比能不能独立阅读更严重：这样的家庭培养的孩子不自信，看不到自己的力量。

我经常在机场看到很多外国人带着孩子出去旅游，他们的孩子很小就自己拖着自己的小箱子，即使大人想帮他拿，他也会叫大人不要管：他的意思是这是我自己的事情，我自己能办到。而我们中国家长一般都很重视保护孩子，不管是爷爷奶奶还是爸爸妈妈，都觉得我们的天职就是保护孩子，即使有时想要放手让孩子自己做一下，也会提心吊胆，怕孩子做不好或者怕耽误孩子学习的时间。长此以往，我们会让孩子变得没有自信和缺乏自觉意识。

不自信也不自觉的孩子不能独立阅读再正常不过了。所以对于这样的情况，我认为需要先从生活中其他事情上来改变孩子——让他有自我意识，认识到自己的力量。比如，可以慢慢让孩子自己背书包、自己提东西、自己收玩具、自己整理书桌，然后再慢慢让孩子帮助家里做一点力所能及的家务：倒一下垃圾、刷一刷鞋子、洗一条小毛巾。

常爸：您说得很对，孩子的发展具有整体性的规律，他们的生理、心理发展是密切相关的。如果没有发展或者培养出独立自主的意识和决心，那么就不太可能出现独立自主的行为。如果还在给孩子喂饭、帮他穿衣服，就不要期望孩子能自己拿起书本阅读。还有其他因素会影响孩子自主阅读吗？

李老师：家长的过度保护，让孩子总是觉得自己是个"宝宝"，让他总以弱小者自居，那样孩子即使到了可以独立阅读的年龄一定也还会想：读书那么难的事情，我可做不了，我得依靠爸爸妈妈——孩子内心自信的链条是没有连接上的。

还有一个原因可以追溯到孩子刚开始接触书的时候：也许孩子拿到书就会撕掉，这个时候很多家长为了保护书，就会把书拿走，这个行为在一定程度上也影响到了孩子的自主性。

千家万户的父母都经历过孩子小时候撕书，而家长往往都会拿开书或者拿起书自己给孩子讲，这让孩子产生了一种想法：书这种东西只有跟爸爸妈妈一起读才行。孩子为什么撕书呢？不是家长简单以为的孩子在搞破坏，孩子撕书是对书的一种认识，也是和书的一种交流。他在探索书的物理性——摸起来是什么感觉？撕起来是什么声音？上面写的、画的是什么？这是孩子第一次接触书本这个朋友，他得全面了解一番。

然而我们家长却忽略了这一过程，很粗暴地把孩子和书交朋友的愿望打断了——把书拿走、藏起来或者在自己的保护下让书和孩子见面。长此以往，孩子的潜意识里就生成了一种模式：只有爸爸妈妈才能给我读书，没有家长的陪伴，我就不能读书。

常爸：所以爸爸妈妈刚开始对书本不要过度保护，孩子出现撕书情况的时候就让他撕几本，或者买布书这一类撕不坏的书——帮助孩子建立与书的亲密关系，为孩子以后独立阅读打基础。是吧？

李老师：是的。另外，孩子上了幼儿园之后，幼儿园里的书他是自己读的，慢慢地孩子也许会明白，原来他和书可以有单独相处的机会，他也有能力自己读书。与之配合，家庭里对孩子的关注度也相应地慢慢降下来，不再过度保护，这样孩子还是能够过渡到独立阅读的。

Q 常爸： 我总结一下您所说的孩子不能独立阅读的原因：首先，主要是因为孩子没有独立自主的意识，这是一个整体联动的过程，需要家长从生活的各个方面降低对孩子的关注度，让孩子认识到自己有能力做好事情；其次，孩子不爱自主阅读可能是因为从小家长为了保护书，而不给孩子独自接触书的机会，这让孩子潜意识里认为，书就得家长陪着读。

分析完成因，答案也就出来了：不要过度保护书——让孩子和书交朋友；不要过度保护孩子——让孩子知道不用家长陪读，自己有能力独立阅读。

A 李老师： 是的，所以家长不要着急，孩子的自觉和自信一旦建立起来，独立阅读就是一件水到渠成的事情了，所以若孩子暂时不愿自主阅读，家长也不必烦恼。

不过还要提醒家长们，即使孩子能够独立阅读了，亲子阅读也不应该完全中止。因为亲子阅读能够提供能量，给予孩子情感上的关注、关怀和体贴，营造一种舒适的氛围。

孩子有时独立阅读比较有挑战，但他一想起读书就有一个温馨的画面浮现在脑海，这对孩子来说是极大的鼓励。所以就算孩子能独立阅读了，家长也应该时不时地陪孩子读几本书，巩固孩子情感上对读书的依恋。

我希望将来的中国家庭应该是这样的：年轻的父亲在读书，年幼的儿子也在读书；步入晚年的父亲在读书，已近中年的儿子也在读书。而不是小时候一回到家，你玩你的手机，我看我的动画片；长大了，你追你的养生节目，我忙我的工作。

本章小结

※ 孩子学习的途径一定不能是单一的。听音频,只是学习语文的途径之一,不是阅读的替代物,就像阅读也不能替代听音频一样。

※ 从一开始家长给孩子引入听音频的学习就应该有限度。

※ 孩子不能独立阅读的原因:首先,主要是因为孩子没有独立自主的意识,这是一个整体联动的过程,需要家长从生活的各个方面降低对孩子的关注度,让孩子认识到自己有能力做好事情;其次,孩子不爱自主阅读可能是因为从小家长为了保护书,而不给孩子独自接触书的机会,这让孩子潜意识里认为,书就得家长陪着读。

PART 04

6~12岁：小学阶段的语文学习

第十章
小学一至六年级语文学习的重点

目前,国家课程标准中将小学六年的语文学习划分为三个阶段:一二年级是低年级段、三四年级是中年级段、五六年级是高年级段,三个阶段都有不同的侧重。

一二年级：识字、写字和朗读

常爸：孩子上了小学之后，语文学习开始系统化，每个阶段的学习内容应当就会有所侧重了，您能给我们家长介绍一下小学阶段每个年级的学习重点分别是什么吗？

李老师：目前，国家课程标准中将小学六年的语文学习划分为三个阶段：一二年级是低年级段、三四年级是中年级段、五六年级是高年级段，三个阶段都有不同的侧重。接下来，我就按照低、中、高这三个阶段来分别讲一下小学的语文学习重点。

小学低年级段（一二年级）的重点：识字、写字和朗读。

我们说一二年级识字、写字是重点，并不是说要写会几百个汉字、认识几千个汉字，量不是重点，这里的重点是指识字、写字的能力。

孩子上一年级开始正式进入识字的阶段，老师会把识字的方法教给孩子，慢慢地，孩子认识的字多了，会掌握很多识字经验：比如，大多数的字都是形声字，一边表音、一边表意。例如，"蜘蛛"这两个字就是典型的形声字，"虫"字表示动物的类别，即昆虫类，"知"和"朱"表示字音；"针灸"的"灸"是上声下形的形声字，上面的"久"是声符，下面的"火"是形符，表示用火烤……这样的汉字非常多，孩子应该学习从音、形、义的角度对汉字进行分类、归纳，这个过程中孩子也会去不断地验证自己的假设并且不断纠正自己。如果孩子认识了300、500，甚至1000个字，而这些字都是孤立的，他不知道哪些字是独体字、哪一类是形声字——孩子没有掌握基本的字理知识，也没有能力总结出识字的经验，那么他就没有掌握识字的能力，这对于后期的学习非常不利。

与此同时，孩子也要开始学写字。教写字主要是指教孩子写字时怎样占格、笔画的顺序是怎样的。有些不认识的字，孩子也应该通过观察字的结构，能够在田字格、方格或者没有格的地方写出来。如果孩子写的字正确而美观，写字速度也很快，那说明孩子的写字能力是没有问题的。

第十章
小学一至六年级语文学习的重点

Q 常爸： 关于写字，家长有一个小问题。小学新开学，有些老师对于写字的要求非常严格，差一点儿都不行，这是为什么呢？有必要这么严格吗？很多孩子写不好，挫败感很强，经常是边哭边写。

A 李老师： 我认为老师对孩子写字严格要求是没有问题的，我从三个角度来解答这个问题。

第一，标准的建立。孩子刚入学开始学习写字时，是一个建立标准的阶段，老师要求比较严格是要让孩子知道什么是好、什么是不好。这就像刚开始练体操、学舞蹈，一开始的时候一般都很痛苦，很多孩子达不到那样的动作标准，但是教练会非常坦然地给他们压腿、弯腰、下叉，辅助他们完成标准动作，这样孩子适应一个阶段，才能够达到比较高的水平。但如果老师一开始就没有严格要求的话，可能后面的动作会越来越不标准，更不可能达到完美。

对于孩子写字这件事，一定是要达到老师要求的标准——写得好。现在中国缺少高标准、严要求这样的教育，主要原因是家长不忍心孩子吃苦，那么老师迫于各方面的压力,就一再地退让,所以标准在逐渐地降低,这对以后孩子的发展实际上是不利的。

第二,从生理角度来说,小学刚入学的孩子的小肌肉群发展还不是很完善,精细化动作没有办法完成,所以控笔能力、用力分寸都比较弱。有的人说,孩子手部肌肉还没有发展起来,那就少写字或者不写字呀,但是要知道,这些小肌肉群的发展也只有在写字的过程中才能得到锻炼,如果不用它们,那它们永远也得不到发展。所以,从这个角度来说,适当地写字能锻炼孩子的小肌肉群,有利于手部肌肉的发育。

第三,从孩子心理的角度来说,从以游戏为主的幼儿园进入要读书写字的小学,孩子面临着一项巨大的挑战,一下子要写很多字,并且要求必须按照标准来写,对孩子来说心理上会有些接受不了,但这也正是锻炼孩子承受力的时候。孩子的自信心都是从能做、会做开始的,当孩子从能写几个字到能写几十个字,孩子心中对自己的认可会慢慢增强,信心也就油然而生,那么承受力也就建立起来了。而且毕竟已经上学了,孩子需要对他的学业负责任。如果一直都是潦草地写几个字,看上去孩子能接受也很开心,但实际上对孩子的心理发展是不利的。

以上我从认知标准的建立、孩子生理和心理发展角度分别阐释了让孩子写字,并且要把字写好的必要性、可能性和价值意义。

那么,现在我们反过来说,老师如果不会变通地硬性要求,那也是有问题的。因为只有孩子自己内化了标准,写起字来才会更轻松、容易,也愿意面对挑战,所以老师的要求应该是和孩子共同商议达成的结果,而不应该是违背孩子意志的一意孤行。不仅如此,老师应该考虑孩子疲劳程度和心理承受的程度,给孩子树立一个适当的目标——哪个阶段该写多少字、达到哪些要求,一项项循序渐进地完成。另外,不能把写字当作一个惩罚的手段,如果老师抱有这样的心态,写字越多不仅不能达到预期的效果,也不能建立孩子的自信,反而还会让孩子对写字失去兴趣,甚至自卑,这显然就和初衷背道而驰了,不是老师教书育人应该使用的方式。

最后,提醒家长们,遇到这样的问题,我们应该明白,孩子的潜能是无限的,不是他没有能力写好汉字,而是我们往往没有给孩子树立正确的标准,我们应该循序渐进、劳逸结合地进行这项任务。

写字对所有孩子来说都是一个巨大的困难,对刚刚入学的孩子来说更甚，但是孩子必须要过这一关，如果过不了这一关，对于孩子今后学习的影响无疑是非常大的。所以无论是家长还是老师，都应该帮助孩子渡过这个难关，而不应该因为自己孩子的个别情况而降低标准。

关于写字，我再强调一下，识字、写字的能力就是训练孩子很快地认出汉字、记住汉字。让孩子先认识、写会一部分汉字，从中发现规律和经验，在脑海中构建了一个识字、写字的程序。这样先跟着老师练习1000个字以后，后面再有几千个字，孩子也能游刃有余地将其放到自己已经创设好的程序中，自主识别并写会，这是我们小学低年级段需要培养的非常重要的能力。

小学低年级段的第二个重点是朗读。朗读是理解文章的一种非常重要的方式。这一阶段的朗读有三个参考标准：第一，正确无误，即不丢字、不添字、不读错，能够按照原文把文章读下来；第二，读流利，就是不唱读、不拖长音，要按照句子中的标点符号的停顿抑扬顿挫；第三，要投入其中、有感情地读。

朗读是孩子的思维和表达结合的一个产物，孩子读得越多、越熟练、越投入，他的思维就越深入，感情就越细腻。

我认为这对一个孩子的成长非常重要，但往往是最容易被家长忽视的，现在学校已经关注到这个方面了，在家庭里父母也需要格外重视。

Q 常爸： 孩子在一二年级识字、写字和朗读的能力，除了老师在学校里教，家长在家庭里应该怎样培养呢？

A 李老师： 识字、写字的能力，家长可以通过和孩子玩识字游戏来培养，比如，刚刚学完一个单元50个生字，家长可以和孩子一起做字卡，玩生字排列组合游戏。排法有两种，第一种：按照字理规律分类，哪些是象形字、哪些是形声字，把同一类的放在一起，这样可以强化孩子对汉字音、形、义的记忆，有效预防和减少错别字的产生；第二种：把这50个汉字都拿出来，看看能不能排成一句话，可以全用上，也可以不全用上，有的时候可能是可以排出来的，有时候排不出来，这个时候结果并不重要，但是玩的过程特别重要，因为这个过程可以让孩子不断地尝试语言的实用性，让孩子觉得汉字学习不枯燥，是可以和自己的生活发生联系的非常有用的一个工具。

有两点要提醒家长们注意：这个识字游戏不要经常玩，一个单元结束玩一次，时间控制在半个小时之内，这样孩子有新鲜感，会很期待；玩的过程中，家长要注意不能总是赢孩子，要多给孩子获胜的机会，这样孩子不会因受挫而不喜欢这个游戏。

朗读能力的培养，主要是让孩子读课文给全家听，慢慢训练孩子的表达欲望。在学校里孩子多，老师不可能给每个孩子朗读的机会，所以家里要制造这样的机会，让孩子能够绘声绘色地朗读课文。如果反复读课文，孩子觉得没意思了，也可以让他读儿童诗、童谣之类的作品。

家长听孩子读的过程中不一定非得有很多指导，但一定要多给孩子鼓励，如果有明显的错误，可以指出来，但是总是纠错不太好。还可以像玩一个游戏一样，孩子读一段，家长读一段，在欢快的氛围中让孩子享受朗读的乐趣。家长还可以给孩子录音，过一段时间，可以把孩子朗读的录音拿出来听一听，让孩子也能看到自己的成长和变化。

三四年级：阅读、习作与"三年级现象"

常爸：三四年级这个阶段的重点是什么呢？

李老师：小学中年级段（三四年级）的重点是阅读和习作。

三四年级的阅读是从朗读逐渐过渡到默读，就是不出声、不指读。相应地，在家庭中，孩子读书也应当由朗读转变到默读。

常爸：为什么这个阶段要从朗读过渡到默读呢？

李老师：原因有两个。首先，默读比朗读更能让孩子思考。朗读的时候，孩子要注意语音、语调，要注意读出来的正确和流利程度，虽然可以表达情感，但是这样分散了一些精力去深入理解正在读的内容。而在默读的过程中，孩子可以更多地专注于阅读的内容并进行深入思考。其次，到了三年级，课本中文体增多了、文章长度也加长了——类似说明文这样的文章都不太适合孩子朗读，所以这个时候就要逐步过渡到默读。

实际上，在小学一二年级也会穿插一些默读的训练，只不过比较少，但是三年级以上就要尽快掌握默读的能力。因为默读是我们将来学习的时候主要的阅读方式，这个转变对之后的学习至关重要。

对孩子默读的要求有三个：

第一，能够从文章中读出东西；

第二，要有一定的速度；

第三，孩子能够简要地表达出读到的内容。

常爸：那么在默读的训练中，家长可以做些什么呢？

A **李老师**：孩子的默读训练在家庭里不需要进行太多，家长只要给孩子提供适合读书的环境、大量优质的书籍，让孩子能够多读书、安静地读书，并且能够自主自觉读书就可以了。在家里没有必要对照上面这三个标准一一去测试孩子，在学校里老师会有更好的办法慢慢教孩子。

Q **常爸**：对于三四年级的另一个重点任务——习作，请您展开讲一讲。

A **李老师**：三四年级（小学中年级段）要求的习作能力是要提高孩子写好一个段落的能力，也就是段落的训练。这个时候不是要让孩子只学会写一段话，而是要求孩子能够准确、全面地表达一方面的意思。比如，介绍一个玩具，孩子可以分三条来介绍：第一，先从观感上，孩子通过观察能够描写出这个玩具的外观；第二，再动手玩一玩，写出这个玩具的玩法；第三，能够把自己内心的想法写出来。这样的习作能力是三四年级的孩子应当掌握的。

那么这个时候家长能够帮孩子做些什么呢？家长可以与孩子一起读一本书，多多探讨书中的写法，注意引导孩子从情节、人物向细节过渡，让孩子关注文字本身的构建，体会作者是怎样组织语言的。

常爸：说到三年级，很多家长反映孩子出现"三年级现象"[9]——原本一二年级表现挺好的孩子到了三年级突然成绩下降很厉害，而且这个情况有持续下去的趋势，一个班的孩子在这个时候可能出现了分水岭，成绩好的会越来越好，成绩差的会越来越差，这个现象是什么原因呢？家长们应该怎样帮助孩子才能预防这样的情况出现呢？

李老师：出现所谓的"三年级现象"有两个原因。

第一个原因是试卷的分数构成变化。我们看到一二年级的孩子有很多在考试中都能得高分，有时候一个班里有好几

---

[9] "三年级现象"：顾名思义，就是说原本在小学一二年级成绩优秀的学生，"不知何故"到了三年级却突然成绩下滑。究其原因，有说法是"超前教育"的恶果，一部分孩子因为学前接受超前教育，导致一二年级时厌学，结果没有形成良好的学习品质、学习习惯和学习方法，到了三年级终于暴露出基础差的问题。

个孩子都能得双百分，为什么呢？因为题目比较简单，一二年级学的内容少、考题也是以基础知识为主，很多孩子也许在家或者学前班学习过这些内容，所以考试时这部分内容难不倒孩子，唯一比较难一些的是看图写话，但是这道题分值较低，一般100分的试卷，这道题只占10分，而且这个时候对孩子的要求也比较低，只要能够写几句完整的话就算达到标准了。能够写出谁在什么地点做了什么事情，就算合格了，10分就得到了。所以如果孩子基础知识掌握得比较好，又有基本的表达能力，那么得100分不是很难的事情。

到了三年级，基础知识的量和难度会出现一个很大的提升，而且作文一下子提高到了30分。比如，写古诗词，不再像一二年级那样写出上一句让你接下一句，而是增加了应用性。这个时候不光是基础知识要扎实，还要开动脑筋想问题，不是背会、记住就能应付得了的，还需要孩子调动自己的多种能力，所以很多孩子在这一块就不容易得高分了。30分作文题的要求也会相应地提高，不会像一二年级那样写几句话就万事大吉了，三年级开始强调每句话之间的联系，要有条理、要连贯，还要层次分明，一般来说，这时候作文想得高分就不太容易了。

所以家长说"我的孩子一二年级时能考 97、98，甚至 100 分，到三年级才考了 80 分"，这个情况其实很正常，也很合理，因为难度加大了，孩子不可能再考到以前那么高的分数了，学校里的平均分也达不到一二年级的平均分了。由于三年级内容的跳跃性，整体上孩子们的分数都会比一二年级低一些。

当然，这些都是表象原因，孩子出现"三年级现象"的深层原因是，孩子的基础知识和学习能力不能跟上预设的进度。到了小学三年级，课文的长度一下子增加了，而学习的时长还是那么多，如果孩子在一二年级没有掌握识字、写字的能力，没有打好阅读基础，那么到了三年级本该让这些蓄势已久的能力发挥作用的时候，孩子认字还有困难、阅读也很慢，孩子还要花费大量的时间去识字、阅读，这就从根本上"拉了后腿"。

Q 常爸： 所以这个"三年级现象"其实不是突然发生的，而是日积月累的，是孩子有些方面的能力没有发展起来的表现，到了三年级内容的难度上来之后一下子就爆发出来了。

A 李老师： 是的，对孩子来说，三年级的内容实际上增加了两个难度。

第一，识字。到了三年级识字不再作为重点，老师不会在课堂上投入很多时间让孩子认字、写字，孩子要靠自主学习去识字。如果孩子没有掌握一整套识字的方法，还是一个字一个字地认、一个字一个字地记忆，那是很浪费时间的。小学中年级段的学习，大部分时间应当分配给阅读理解和习作表达。这个时候，只会死记硬背的孩子的劣势马上就会显露出来，表现出成绩下降的现象。

第二，三年级的内容还增加了知识的运用，这个对很多孩子来说也是一个难点。到了三年级，100分的试卷中基础知识只占30分，其余70分都是需要灵活运用的题目。也就是说，靠记忆的内容原来是90分，现在是30分，你记得再好，也只能拿到30分，另外的70分得阅读好、习作好，才能拿到。这个过程综合性越来越强、挑战越来越大、量也逐步增加，考察的重点也从孩子的记忆力转变到综合能力的应用。

Q 常爸： 所以家长还是要清晰地认识"三年级现象"，三年级学习内容的挑战加大，试卷构成也相应地变化，出现成绩相对一二年级"下降"是一件很正常的事情，如果孩子学习能力没有问题、很快能跟上来，那就不用担心；如果孩子明显出现学习吃力、成绩持续下降，就得从识字、阅读等综合能力上找原因了，是这样吧？

A 李老师： 是的，所以一定不能浪费一二年级给孩子建立学习能力框架的大好时光。

五六年级：注重对孩子思维深度和表达能力的培养

▼

A **李老师：** 最后说说小学高年级段（五六年级）的学习重点。这个阶段的重点其实还是阅读和习作。这其实是对孩子思维深度和表达能力的培养，这个时候着重说下家长应该关注的事情和家长可以帮助孩子做些什么。

首先，家长要做好孩子课外的补充工作——多体验文化活动。这个阶段学校学习会增加语文综合性的学习，主要是文化体验的加入。但是学校可以组织的外出实践的机会依然是有限的，所以这时家长应该转变重点，多带孩子去文化场所、参与文化活动，以此增加孩子文化方面的综合性和应用性，比如，带孩子去孔庙、鲁迅纪念馆、梅兰芳纪念馆这些地方。

这不仅是增加孩子的知识面，更能加深孩子对文化的理解。孩子可以与学校里学到的知识有意识地建立联系，让他认识这些人、这些事是怎样影响我们的时代、我们的思想。

孩子渐渐地会把认识到的东西纳入自己的内在体系当中，这就不仅仅是增加了一点课外知识这么简单，而是一种视野和思考方式的建立，这对孩子的发展来说弥足珍贵。

除了多带孩子体验文化活动，家长这一阶段还要鼓励孩子多运用语言。方法是家长做表率、做榜样，有意识地引导孩子去运用。

常爸：这一点我深有体会，生活中我时不时会说一些成语，比如，孩子想让小鱼快长就多喂食，我会跟他说不要揠苗助长。有一天，孩子在家不小心打碎一只碗，他自己说："没事没事，塞翁失马，焉知非福，碗打碎了，我们正好可以去买一只更好看的了。"

李老师：对，好的家庭教育就应该是这样在潜移默化中让孩子学会运用知识。

千万不要说："你们课本里不是已经学过了嘛，怎么就说不出来呢！"不要逼着孩子去说、去用，那样会适得其反，只有孩子认同、内化了的东西，他才能够使用。使用前有一个漫长的积累过程，当量的积累达到一定程度，有些孩子可以自己开窍，而有些就需要家长、老师慢慢引导。

到了孩子五六年级的时候，家长还要注意要经常和孩子交流沟通，可以坐在一起看看时政新闻，让孩子了解我们的社会、我们的国家。

当看到特朗普和金正恩会晤，父母可以说说自己的观点，然后再问问孩子他怎么看待这个事件——是的，这个时候要把孩子看作一个大人，不要让他成为一个关在学校、两耳不闻窗外事的人，让他接触时事、和他讨论社会问题，训练孩子的思维和表述方式，让他有自己的观点。

这个时候的家长要越来越少关注孩子在学校里的课本学习——不要总是眼睛只是盯着孩子的成绩，要越来越多地关注孩子在社会和家庭中的成长和进步——这才是对学校语文学习的正确补充。

本章小结

- 目前，国家课程标准中将小学六年的语文学习划分为三个阶段：一二年级是低年级段、三四年级是中年级段、五六年级是高年级段，三个阶段都有不同的侧重。
- 小学低年级段（一二年级）的重点：识字、写字和朗读。
- 小学中年级段（三四年级）的重点是阅读和习作。
- "三年级现象"其实不是突然发生的，而是日积月累的，是孩子有些方面的能力没有发展起来的表现，到了三年级内容的难度上来之后一下子就爆发出来了。
- 五六年级的学习重点其实还是阅读和习作。这其实是对孩子思维深度和表达能力的培养。
- 好的家庭教育就应该是这样在潜移默化中让孩子学会运用知识。

第十一章
怎么看语文学得好不好？

做自我介绍的时候，有些孩子不知道怎么想这个问题——他会想，我就是我，我有什么可介绍的呀？这个有可能是他对自己没有真正的认识，也有可能是他想说的很多，无法把这些杂乱的想法组织起来，不知道从哪里开始想。这就是孩子语文学得差的一般表现。

语文学得好的孩子跟学得差的孩子比，优势在哪里？

▼

Q 常爸：语文学得好的孩子和语文学得差的孩子，除了成绩，还表现在哪些方面呢？语文学得好有哪些优势呢？

A 李老师：孩子语文学得好的优势，主要表现在以下两个方面。

第一个优势：语文学得好的孩子善于思考、会想问题。

深层次来说就是思维的问题。举个简单的例子，要做自我介绍的时候，有些孩子不知道怎么想这个问题——他会想，我就是我，我有什么可介绍的呀？这个有可能是他对自己没有真正的认识，也有可能是他想说的很多，无法把这些杂乱的想法组织起来，不知道从哪里开始想。这就是孩子语文学得差的一般表现。

面对自我介绍这件事，语文学得好的孩子会想：我有哪些优点，我有哪些缺点，我最棒的地方是什么，别人想

第十一章
怎么看语文学得好不好？

了解我什么，我现在想和别人交朋友，我应该这样说……这样的孩子逻辑非常清楚，组织语言有层次、有明确的目的，每句话都是经过他的思考才说出来的，不是随意的组合。我们说，这样的孩子善于思考，会分解问题，能够剖析问题的深层意义——悟性很好，这是语文学得好的第一个优势。

第二个优势：语文学得好，表达也会更好。

这和第一个会想问题的优势密切相关：不会想就不会说，不会说就影响读和写，这是一系列的问题。就好比写一篇文章，首先要有创作的素材，然后应该想怎样组织这些素材，最后才能动笔把它写出来，中间缺了任一环节，都不能完成这项工作。不会想就直接导致不会表达，想不清楚就导致不管是说还是写，都会出现逻辑性不强、语无伦次、词不达意等问题。

大家同样学习一篇文章，学得好的孩子就能很快领悟作者想要表达的意思，把更多的精力分配到内化上——很快就把别人的东西转化为自己的东西，精准、快速地运用文章中学到的词语或者观点，再用自己的语言说或写出来——这样的表达能力就是我们说的语文学得好的第二个优势。

Q 常爸： 说到爱表达，有时候和孩子的性格有关系，有些孩子就是不爱表达，不喜欢说出来，这个应该怎么办呢？

A 李老师： 是的，确实存在有的孩子先天的性格就是不愿意表达，但是这样的孩子又分为两种：一种是心里很明白、有干货，但是不愿意表达；另一种是心里就没什么可说的，自然也不愿意表达。这两种情况其实是同一种解决方式，那就是要多多鼓励孩子去表达。

具体做法是什么呢？在家庭中，父母不要嫌弃孩子话多，如果孩子说得好，就应该用欣赏的眼神、鼓励的话语奖励他，这样下次孩子还一样爱说。说得多，得到了足够的练习，孩子就会越说越好了。

第十一章
怎么看语文学得好不好?

语文学不好,
对其他学科有影响吗?

▼

常爸:很多家长说,孩子做数学的时候题目读不懂,或者理解有问题,一定是语文没学好!您觉得语文学得不好,对其他学科有影响吗?如果有,会产生哪些影响呢?

李老师:传统观念认为,读不懂数学题目就是语文没学好,是语文老师没教好。在小学一二年级的时候,孩子数学成绩不好,或许是因为识字能力、阅读能力没学好而导致的。但是为什么到了初高中,物理、化学这些学科孩子没学好,还有人说是语文没学好惹的祸呢?因为大家都认为认汉字、教阅读是语文的任务,数学、物理题目是汉语呀,你怎么能读不懂呢?这样的理解和说法,似乎只谈及了部分表象。

我个人认为,语文学得好不好与其他学科的学习有关系,但是不能称作"有影响"。有什么区别呢?

首先,语文学习是一种思维的训练,不是无逻辑的,所以语文学得好的孩子，思维水平也就相应地要高一些，这对其他学科的学习是有积极影响的；其次，语文学得好的孩子对语言比较敏感，语言的运用水平比较高，他对陌生词语的敏感度也就相应要高一些，那么，这个优点在学习其他科目的时候也会起到一定的积极作用。

但是语文的思维和表达方式与其他科目有所不同。比如数学，大家都知道这门学科的逻辑性比较强，数量与数量之间是加减关系还是乘除关系、线与线之间是相交还是平行都是泾渭分明的，什么关系就是什么关系，不存在模棱两可的情况，这其中的逻辑很严密，是不可更改的。

语文的逻辑和数学不一样。语文的逻辑更强调顺序，比如时间的顺序、发展的顺序、地点的变换等，有的时候一篇文章的自然段的前后顺序甚至都可以是颠倒的，文章可以倒叙、插叙，只要不违背理解的逻辑，先说哪个和后说哪个实质区别不会很大。有时候看小说，第一部如果看不下去，直接从第二部开始看也不会妨碍阅读；但是数学，如果还没有学会加减能直接跳转到乘除的学习吗？当然不能。所以这两种科目有着不同的思维逻辑。

表达方面，两门学科也很不一样。一道数学应用题的题

第十一章
怎么看语文学得好不好?

干可能只有三五句话,但在这短短的几句话中会明确表明几个数量之间的关系。如果你不去关注它们之间的关系,而只看几句话的遣词造句,那显然之后的列算式就会出现问题。所以用语文的表达方式去代替数学的,显然是不太可能的。

所以说,语文学科的学习既解决不了数学思维的问题,也解决不了数学阅读的问题。它们之间看似相关,但是不一定是正相关或者负相关,语文学得好和数学学得好不是充分必要关系,语文学得差和数学学得差也没有必然联系。

实际上,有很多孩子是语文学得差而数学学得很好,这是因为孩子抓住了数学的本质、数字间的联系。如果数学学得不好,需要数学老师教孩子怎样提取信息、怎么建立联系。

本章小结

※ 语文学得好的孩子善于思考、会想问题。

※ 语文学得好，表达也会更好。

※ 在家庭中，父母不要嫌弃孩子话多，如果孩子说得好，就应该用欣赏的眼神、鼓励的话语奖励他，这样下次孩子还一样爱说。说得多，得到了足够的练习，孩子就会越说越好了。

※ 语文学得好不好与其他学科的学习有关系，但是不能称作"有影响"。

※ 语文的思维和表达方式与其他科目有所不同。

第十二章
孩子上小学后,那些让家长头疼的问题

当孩子出现总写错别字的情况后,我们家长要怎么办呢?我们首先要让孩子对着正确的字,观察自己哪里写错了。写汉字不是一个简单重复的事情,它是与思维联系在一起的,让孩子对比之后就会发现自己错在哪里。然后家长要问问孩子:哪个部分写错了?为什么写错了呢?要让孩子自己找出原因来。

孩子写作业错别字多,教多少遍都不会,怎么办?

▼

常爸: 孩子写作业总是有很多错别字是什么原因呢?家长教很多遍都教不会该怎么办呢?

李老师: 错别字多的原因可能是孩子的观察力有问题。孩子看字不是像成人一样,看到的是字,他看到的是图像,如果孩子没有认真观察这个图像,那么他就没有办法准确识别汉字。

这个问题和我们之前说的自理能力没有建立起来有很大的关系。孩子没有左右结构、上下结构、半包围结构这样的概念,不知道哪些部分是独立的、哪些部分是表形或表音的,只能把一个个汉字碎片化为一笔一画,那么多笔画,就很容易出现多一笔少一画的情况。另外,有的汉字字形相似度很高,孩子受到其他字的影响,就有可能写错这个字。

教很多遍都记不住,那可能是家长教的方法不适合孩子。家长要想一些办法,帮助孩子找便于记忆的小窍门,一旦孩子给汉字赋予了意义,那他就永远不会错了。比如有的孩子分不清"拔"和"拨",就差一笔而已,而且"拨"右边是"发",好像从发音上来说更应该发"bá"的音,对孩子来说分不清也很正常,那怎么分呢?家长让孩子观察:"拔"就是把那个短竖给拿掉了、拔掉了,那么这就是"bá",反之,另一个就是"bō"。

常爸: 关于怎样给孩子纠正错字,有没有哪些书籍可以给家长们推荐一下?

李老师: 人民教育出版社出过一本《错别字辨析小词典》,如果孩子写错字的问题比较严重,家长可以去看看,了解一下写错别字大概有哪几种情况。再对应自己孩子的情况,就可以有针对性地给孩子进行纠正。

常爸: 对于孩子总是出现的错别字,很多老师用罚写 10 遍甚至更多遍的方式来纠错，您觉得这种方式好吗？如果不好，请您给家长们一个应对策略。

李老师：我认为这个问题不能简单地用"好"或"不好"来回答。

部分老师让孩子多写几遍来纠正错别字，这种方式是基于中国自古以来学习汉字的基本经验：一个字写多遍，反复操练之后才能记忆更加牢固。所以这种方式本身没有太大问题，但是用这种方法的时候，要注意下面两点才能够确保降低孩子写字的出错率。

首先，要注意孩子是不是能够准确地识字。就是说，孩子能不能不多一笔、不少一画，正确地识字，如果能做到，那么不断地重复写这个字，孩子通过多次写对，就能够记住这个字了。

其次，要看孩子是否能够用心写字。如果孩子写字的时候，大脑中不断地复现这个字的字形，他能一边写一边思考：这个字是由哪几个部分组成、每个部分是怎样的笔画、起笔怎么走、落笔怎样停，这样的重复写字就会起作用。反之，如果孩子写字无所用心、没有任何思考，只是单纯地肌肉记忆，那么显然，效果一定不会很好。

常爸： 可是这两个点我们家长轻易是看不出来的,只有孩子自己知道,但是他们也不见得能说得清楚。

李老师： 所以我们要去了解一下写错别字的科学性成因。

总写错别字,不是我们表面上理解的把字写错这么简单,现在有很多研究人员已经在进行写错别字的心理研究。其中脑科学研究告诉我们：人类在进化的过程中,视觉系统的恒常性让我们具备了对一个物体整体的认知能力。举例来说,一朵花正着放或倒着放,我们都认识：这是一朵花。但是,文字出现之后,就规定了字的结构是固定的,如果上下或者左右颠倒,字就不是那个字了。所以,识字不是人类与生俱来的能力,它需要后天的学习和锻炼才能掌握,但是孩子没有这样的经验,所以,写错字是很自然的事情。很多情况下,孩子会把一个字左右反着写,比如,很多孩子写"放学"的"放",就会把"攵"写到左边、"方"写到右边。这种错别字不是真正的错别字,随着孩子慢慢长大、经验越来越多,明白字型必须固定的道理之后,就不会再出现这样的错别字了。所以家长了解了以后,就知道纠正孩子这样的错别字是不用重复机械去写的,如果是这种情况的错别字,孩子被罚写很多遍,他心里就会很疑惑:自己明明看到的就是这样的,为什么老是说我写得不对呢?——这有可能会降低孩子的学习兴趣和自信心。

所以不管是老师还是家长,都要去仔细探究孩子写错别字的原因,有时候搞清楚原因后对症下药比罚写10遍、20遍更高效。

那么当孩子出现总写错别字的情况后,我们家长要怎么办呢?我们首先要让孩子对着正确的字,观察自己哪里写错了。写汉字不是一个简单重复的事情,它是与思维联系在一起的,让孩子对比之后就会发现自己错在哪里。然后家长要问问孩子:哪个部分写错了?为什么写错了呢?要让孩子自己找出原因来。

孩子写错字的原因有可能是没看清,这个问题不是很大,让孩子以后写字时认真观察就可以解决。但也有可能是真的不认识,很多孩子的确存在这样的问题,就是不能把一个字分解成几个部分然后重新组合在一起,他识字是一笔一笔地去记忆,这样遇到笔画稍微多一点、复杂一些的汉字,孩子写字就会很困难，20多笔的一个字，也让孩子一笔一笔地去记忆，显然是非常大的一个挑战。所以家长要做的是去教孩子识别部分，教他认识这个字是什么偏旁、什么部首，而不是依然盲目罚写——这种情况用罚写的方式收效甚微。

孩子写错字其实折射出的是识字的问题，如果不能正确地识记字形，那么写字就会出现困难。出现不能正确识字的情况，家长还是要多给孩子讲解一些字理知识——哪些是象形字、哪些是形声字，让孩子通过学习字理，降低写错字的概率，形成良性的循环。

所以说，孩子写错别字的原因是多种多样的，但在很多学校中，老师做不到一对一去找原因，然后制定个性化的解决方案，老师只能按照大多数孩子出现问题的原因用普遍方式解决这个问题。在家庭中，家长教自己孩子时，可以做到一对一地针对自己孩子写错字的原因做出指导：没有专心，漏了笔画——提醒孩子认真写字；没有看清——以后仔细观察；相似字混淆——把相似字单拿出来多次练习；不能正确识字——巩固字理知识，等等。

在帮孩子纠正错别字的时候，不要强化错误——孩子写错字，不要说"怎么又写错了！""写错了就不能出去玩了！"这不仅会打消孩子的积极性和自信心，而且还会无形中使错误更加巩固，让孩子一提笔就紧张，产生一种恍惚的感觉，他知道自己经常写错这个字，但正确的是什么样的呢？只记得那种写错字受了批评不太好受的情绪，但还是没有记住怎么写对这个字。家长应该引导孩子对汉字进行分类、归纳、整理，让孩子从小培养研究汉字的意识和能力，这样学习汉字会变得简单起来。

总而言之，在纠正错别字的方法中，简单重复地罚写只是其中的一种方法，不一定对各种情况、所有孩子都适用，但也不是完全无效的方法。因此，怎样纠正孩子的错别字，需要家长具体情况具体分析。

孩子写字速度特别慢，如何提高写字速度呢？

▼

常爸： 有些孩子上了小学之后，由于写字速度慢，导致每天写作业的时间都会很长，占用了很多本该做别的事情的时间，这让家长很头疼，应该怎样提高孩子的写字速度呢？

李老师： 孩子写字速度慢这个现象的背后有很多种可能性，家长不能只看到表象，然后匆忙之中找解决的办法。

写字慢的原因因人而异。有的孩子写字慢也许是正常的，不需要"解决"，过一段时间就好了。比如，孩子由于刚刚开始学习写字，写字还不熟练，写得慢很正常；有的时候生字比较难，孩子要观察、要确定字的位置，写得慢也是正常的。

关于写字速度慢这件事，家长需要关注的是写字不专心和真的很慢这两种情况。写字不专心表现为写一会儿，玩一会儿，总是走神儿、注意力特别不集中；写字真的很慢的表现是，孩子写得很认真，但是一笔一画特别用力，写得很仔细但是特别慢。

这两种是需要纠正的，纠正的方式是可以给孩子计时。大部分小学低年级段的孩子时间意识都很差，他们如果在学前没有经历过特殊训练，对于10分钟、1个小时他不太知道到底是多长，所以需要先给他建立时间观念。

家长可以规定孩子10分钟必须写完多少字，刚开始可以规定宽松一些，之后再慢慢提高要求，让孩子逐渐形成时间意识。对于不专心的孩子来说，他受到严格要求之后就会有所束缚，不再随心所欲想拖拉多久就是多久。而对于写字慢的孩子，给他建立了时间意识，他就会有所规划，不会在一个字上面浪费太多时间，慢慢熟练起来后，速度就会提上来。

古诗词和文言文的学习怎么辅导?

▼

常爸:上了小学,古诗词的学习很重要,家长除了检查课本上要求背诵的内容,还应该怎样看待和帮助孩子学习这方面的内容呢?

李老师:我一直提倡把古诗词的学习作为小学文化和语言学习的一个重点。但是学习这部分内容不是我们传统观念认为的记忆和背诵这么简单,而应该结合诗人本人的经历学习古诗词,从而让孩子与诗人建立联系——做到解其诗而知其人。这样才能让孩子通过别人的诗词、别人的想法,写出自己的文章、思考自己的人生。

小学阶段孩子的智力、情感都已经发展到了一个相对较高的水平,可以理解较为复杂的内容了。家长在家庭中可以这样教孩子:在唐诗、宋词中选取不同类型诗人、词人的作品,进行系统的集中学习。

比如可以选10首李白的诗、10首苏轼的词,不仅是要熟练背诵，还要去详细了解李白、苏轼是在什么时间、什么地点、什么情况下写了这些诗词。从了解诗人的角度去了解他们的作品，把每个作品放在诗人的阅历年表里，让孩子站在诗人所处的情境中去品味和体会诗人的思想感情，这些诗词就不再是孤立的存在了，而是用来了解诗人的介质，孩子读懂了诗就读懂了人。

当孩子了解了诗词创作的前因后果和诗人的生平经历，他会自动进行联系，并且产生共鸣，这时孩子再背诵就有了整体感、立体感，悟性高的孩子甚至会有一种与几百、几千年前的古人心灵相通的感觉。如果能达到这样的水平，可以说学十首的效果远远超过囫囵吞枣学百首的效果。

有心的家长还可以把诗词的知识穿插其中，比如，什么是五言、什么是七言、"念奴娇"是什么曲调、"江城子"的格律是怎样的……学习的诗词越来越多之后，可以让孩子横向地进行对比，这些相对枯燥的知识就能很容易地被孩子接受了。

关于小学阶段古诗词在家庭中的学习，我会总结、推荐一些优秀篇目，请家长在本书文后的附录中查看。

第十二章
孩子上小学后，那些让家长头疼的问题

Q 常爸：对于诗词的进一步学习，我们也和"诸葛学堂"合作推出了精讲古诗词的课程，在"常青藤爸爸学堂"服务号上已经上线了，有需求的家长可以关注一下。李老师，除了古诗词，小学阶段的课本有没有文言文？家长需要在课外给孩子介入一些古文的学习吗？

A 李老师：小学阶段的教科书中也有文言文，有《两小儿辩日》《杨氏之子》等，但很少、很短。

家长在家里可以讲一些孩子易于接受的、故事性较强的文言文，比如，诗词故事、对联故事、谚语故事。这些文章以故事为主体，里面穿插了一小部分文言文和诗句，可以渐渐培养起孩子文言文的语感，为初高中的文言文学习打下基础。

如果孩子学习能力比较好、水平比较高，也可以读一些浅近的文言，比如，《阅微草堂笔记》《世说新语》之类的，这些文章半文半白、故事性相对较强，是比较适合大部分孩子读的。其他篇幅较长、更为深奥的文言文在小学阶段只有非常少的孩子能够理解得了，我们是不太推荐的。

孩子口头表达能力差，怎么办？

A

李老师：所谓的口头表达能力差，究其原因，主要是孩子没有想法。没有想法就没有逻辑，没有逻辑就没有框架，没有框架就没有完整的成果。如果孩子的脑海中是一团浆糊，那么肯定会出现三言两语、东拼西凑、支支吾吾的表现，这是一种情况。

还有一种表达能力差的表现也是没有想法导致的，但是有可能没有那么明显。举个例子，有时我们听一个人讲话讲了半天，好像听得明白他讲的每一个字，但是其中的逻辑却经不起推敲，他讲的话我们一句都记不住，为什么呢？因为他自己也没有想明白就把话说出来了，即使他口若悬河、慷慨激昂，但是他也许只是在重复别人说的话，甚至他自己都不知道自己在说什么，那我们就没法记住他说的话。所以如果话说了很多但思想性不强，这样的口头表达也是有问题的。

第十二章
孩子上小学后，那些让家长头疼的问题

Q 常爸： 思想和逻辑这样的东西家长可以教吗？现在很多家长会把孩子送到专门的机构去学习这项技能，比如演讲，您觉得这有必要吗？

A 李老师： 那要看机构是怎样教的，好的机构会从思维能力入手，先测试孩子是否有条理，看孩子的想法是否深刻，应答是否敏捷，然后根据孩子自身的情况训练他的逻辑性、推理性和论证性，这样的教法是没有问题的。

但最重要的还是家庭中的教育，家长实际上也可以在点点滴滴的生活中给予孩子很棒的锻炼口头表达能力的机会。不过这是日积月累的一个过程，不会像培训机构那样可以经过几个月或者半年就迅速练就。我始终认为，对于孩子的成长这件事，家长本就应该抱着静待花开的心态。

培养孩子的表达能力，家长需要做到两点：

第一，不要急于否认孩子的观点，要耐心听孩子把话说完。

传统的中国家庭有个很大的问题，那就是认为孩子小，什么都不懂，不给孩子"插嘴"的机会。

大人们总是高高在上，根本没有认同孩子说话的态度，也没有给孩子说话的机会，还有些老人要求孩子内敛，有时家里来了客人，甚至都不让孩子开口说话，所以很多孩子的表达能力不强就是被家长给压抑了。

现在年轻的父母可能会好一些，会听孩子讲话，也会时不时附和一下孩子说出的观点，但是有一点也许还做得不够好，那就是由衷地认同孩子的观点、赞扬孩子的想法。当孩子冒出想要自己打造一条小船去旅游的想法时，我们的父母肯定会笑笑说"今天还得上学，以后再说吧"敷衍过去。

也许孩子还想跟爸爸妈妈详细说说他怎么造这条船，造了这条船想要去哪些地方和去这些地方之后想要做什么事情，却被父母的一句"愣着干什么，背书包走吧"浇了一头冷水，而过了今天，这件事就永远被父母们抛在脑后了。久而久之，孩子知道自己的想法父母不想听、说了也没用，那么孩子就会选择不说、不表达，那自然也就关闭了锻炼口头表达能力的大门。所以要让孩子爱表达、善于表达，父母要时刻给孩子表达的机会，不管孩子说什么，请认真听他说完并真心与他交流。

第二，带孩子看他尚未认识的世界。

绝大多数心智正常的孩子都有无穷的表达欲。孩子两三岁刚刚开始说话的时候,整天眼睛放光、叽叽喳喳说个没完没了。因为那时候的孩子才来到这个世界不久,当他掌握了"说话"这项技能后,他忍不住要把眼前这个多姿多彩的世界说给别人听:"爸爸,你看小蚂蚁跑得多快""妈妈,雨滴滴在我的脸上凉凉的""这块粉色的积木是我的好朋友"……孩子认识到新鲜事物他一定会急于说出来的,不管是和同伴还是和家长。

后来,如果不爱说了,有一个原因也许是生活太单调了:父母总是陪孩子玩同一个游戏、家里的书架好久没有添入新书了、每周末只带孩子在小区里的广场玩一玩……孩子眼里没有新鲜的东西,他就没有什么可说的,表达能力差和这也有一定关联。

所以,父母要带孩子领略更多、更大、更精彩的世界,这不是说父母一定要带孩子去很多地方旅游,而是要多给孩子全新的视角、丰富的阅读资源和更多的想法,给孩子更多高质量的陪伴,让孩子的眼睛里重新绽放出亮光。

想让孩子表达能力好,父母记住一定要给孩子充分的说话机会,带孩子体验新鲜事物,还要时时刻刻鼓励孩子。

另外,不要给孩子贴"表达能力差"的标签,总是被人说"你看你话都说不明白"的孩子很可能会给自己消极的心理暗示[10],那么就有更大的概率变得真的越来越不会说话。

---

[10] **心理暗示**:指人接受外界或者他人的愿望、观念、情绪、判断、态度影响的心理特点。人都会受到心理暗示,受暗示性是人在漫长的进化过程中,形成的一种有意识的自我保护能力和学习能力,小孩子也不例外。

本章小结

※ 教很多遍都记不住，那可能是家长教的方法不适合孩子。

※ 在纠正错别字的方法中，简单重复地罚写只是其中的一种方法，不一定对各种情况、所有孩子都适用，但也不是完全无效的方法。因此，怎样纠正孩子的错别字，需要家长具体情况具体分析。

※ 大部分小学低年级段的孩子时间意识都很差，他们如果在学前没有经历过特殊训练，对于10分钟、1个小时他不太知道到底是多长，所以需要先给他建立时间观念。

※ 应该结合诗人本人的经历学习古诗词，从而让孩子与诗人建立联系——做到解其诗而知其人。这样才能让孩子通过别人的诗词、别人的想法，写出自己的文章、思考自己的人生。

※ 想让孩子表达能力好，父母记住一定要给孩子充分的说话机会，带孩子体验新鲜事物，还要时时刻刻鼓励孩子。

第十三章
作文、作文还是作文，怎样才能写好作文?

"读书破万卷"和"下笔如有神"之间是有联系的，但不是直接的联系，需要有一个桥梁把它们连接起来。不可能读了很多书就一下子能写出神来之笔，这中间需要一个转化的过程，这个过程需要把别人的语言文字转化为自己的思想，再把自己的思想转化为语言文字让别人看。阅读如果得不到转化，很难达到好的写作水准。

孩子看了很多书,但是作文还是写不好,该怎么办?

▼

Q 常爸: 很多家长说,从小就给孩子读绘本,长大后孩子也看了很多书,阅读量很大,但是写作文却怎么也写不好。阅读量大是不是自然而然写作就会好呢?

A 李老师: 这句话也许来自中国一句老话:"读书破万卷,下笔如有神",这句话中间是一个逗号,但是我想说,这中间其实是个省略号——"读书破万卷"和"下笔如有神"之间是有联系的,但不是直接的联系,需要有一个桥梁把它们连接起来。不可能读了很多书就一下子能写出神来之笔,这中间需要一个转化的过程,这个过程需要把别人的语言文字转化为自己的思想,再把自己的思想转化为语言文字让别人看。阅读如果得不到转化,很难达到好的写作水准。

简言之,阅读是阅读,写作是写作,爱读书的孩子不一定也爱写作。就像一个擅长游泳的孩子去跑马拉松,他跑

第十三章
作文、作文还是作文，怎样才能写好作文？

得过长跑运动员吗？也许他的体力和耐力经过长期的游泳训练，会比一般的孩子强一些，但是从技术上来说，他肯定是比不上经常训练长跑的孩子的，这显然是两个不同的系统。同理，阅读能力和写作能力也是这样相互关联，但是不能互为因果关系。

因此，只能说，读得越多，阅读越好；写得越多，写作越好。读得多，说明思考得多；写得多，说明表达得多。当然，这两方面是相互促进的，但不一定读得多了自然就能写得好。

Q 常爸：那么从阅读到写作怎样进行转化呢？

A 李老师：家长们要明白，阅读要靠阅读训练，写作要靠写作训练，要给阅读和写作建立联系，首先要明白两者之间的桥梁——语言。

阅读除了读故事、读情节、读文化、读精神之外，还要读语言，要引导孩子去理解作者是如何用语言来表达思想的，其实也就是我们常说的写作思路，但也不能硬性去教孩子写作思路，而是要让孩子去揣摩作者表达的两个方面：第一，表达的结构——作者行文是怎样一步步展开的；第二，语言的特色——几篇文章在表达上不一样的地方。

琢磨得多了，孩子就会积累不同的表达方式和语言材料，他渐渐就会建立一个标准：什么样的结构才是好的结构，什么样的语言才是好的语言。内心有了这个标准之后，孩子会参照这个标准慢慢去写，在写的过程中，老师要给孩子提供一些帮助，教他列提纲、理清思路、梳理材料等。在这时候适时加入专门的写作训练，就能让孩子将阅读积累运用到写作上去，此两者相结合，才能顺利完成转化。

我遇到过一个小女孩，她从7岁开始写诗，写了11年，出了一本30多万字的诗集。其实可以把她的写作经历分为两个阶段：7岁之前是她的阅读积累和写作训练阶段，她感受别人的语言和思想，进行各种写作尝试；7岁之后她找到了自己的语言、建立自己的观点，开始表述自己的人生观念，这一写就是11年，才能写出很多有哲理的东西。所以说，写作一定是练出来的，只读不练一定写不出好的文章来。

第十三章
作文、作文还是作文,怎样才能写好作文?

Q 常爸: 也就是说,阅读作为语文的根基,是非常重要的,但它和写作之间不是绝对的因果关系。写作写不好,还是需要进行专门的练习。

孩子写作文总是跑题怎么办?

▼

Q 常爸: 上小学后孩子写作文的问题越来越多,其中让家长最为头疼的就是写作文总跑题,为什么会跑题呢?家长应该拿出什么样的应对策略呢?

A 李老师: 写作文跑题,这是一个老话题,这个问题要分年级段来讲。

小学低年级是写话,中高年级才开始写作文。

先说低年级的看图写话。这里图片要表达的内容主干一般就是谁在干什么,这是要遵循的一个基本规定。如果不这么写,就是没有正确提取图画中的信息,那显然就是一种跑题。

还有一种跑题是想象部分不符合情境的规定。针对这样的跑题,老师或者家长可以带着孩子仔细观察,让孩子识别图画中的主要角色,然后引导他去解读角色的动作或者表现。比如小兔正在吃萝卜、小猪正在睡大觉,这些是基本的

第十三章
作文、作文还是作文，怎样才能写好作文？

信息，是一种不可变量，孩子必须学会提取到这样的内容。

主干内容提取到之后，还可以教孩子去发挥想象。比如，一张图片中有好几个角色，它们看上去在说话，那么可以让孩子想想看它们在说什么；如果只有一个角色，也可以让孩子猜一猜这个角色在想什么。这是可以根据想象去添加的基本要求以外的东西，只要合情合理，和前面的基本规定相照应，那么就没有问题。家长需要让孩子多加练习，这个练习不一定是要写下来，也可以让孩子看着图说出来。

再说说中高年级的作文跑题现象。中高年级的孩子作文有三种类型：命题作文、半命题作文和自拟题目作文，这三种类型出现的跑题问题其实是类似的。

第一种命题作文。跑题的原因有可能是没有把握住重点，或者把握住了重点但是没有写出来。比如说"一次难忘的经历"就要聚焦在"难忘"，把之所以"难忘"的经过写出来。没有写到重点的孩子可以引导他去关注重点，这个不是很难，难的是孩子知道重点但是写不出来。因为孩子写不出来的原因与表达、思维方式有关系。对于什么样的事情是"难忘"的，孩子应该有一个基本的想法，要思考其中的思想性，如果孩子想不出来，写出的文章在我们看来就是跑题的。究其原因就是表达能力和思维水平不够。不够怎么办呢？只有一个办法，就是反复训练，这个需要家长和孩子付诸努力。

半命题作文中也会出现跑题，但其实这种作文给了孩子比较大的自主性，他可以自己确定作文的主题，这个时候孩子其实是把握得了重点的，因为重点是他自己规定的。如果还是出现跑题，那就依然是表达和思维的问题了，还是要遵循上面的方法多练。

自拟题目作文，相对来说对孩子的挑战更大些，因为其中提供了很多材料，需要孩子去思考怎样看待所给的材料，并结合既定的范围和要求，写出相应的文章。如果看不明白所给材料的主题，自己拟的题目与之不相关，那就会造成跑题，这需要孩子有把握重点的能力。如果题目是符合要求的，但是依然写不好，那就还是表达和思维不够惹的祸。

所以，从大的方面来说，小学生写作文跑题无非两个原因：不能够明确题意和掌握题意却写不出来。据我观察，适用前者的小学生其实并不多，后者才是绝大部分小学生写作文跑题的主要原因。文字的表现力达不到应有的水平，这应该怎么办呢？无他，多练是王道。

如何通过多练让孩子不跑题呢？我总结了一些方法，

第十三章
作文、作文还是作文，怎样才能写好作文？

家长可以适当借鉴。

首先，给孩子不同类型的题目，让他尝试列提纲，这样可以训练孩子抓住主旨，不会从根本上跑题。

其次，从表达上来说，要让孩子接触各种类型的文章，欣赏不同的结构和语言，目的是引导孩子发现自己的风格和语言。我认为这一点尤为重要，应该从小学一年级就开始有这样的尝试，让孩子逐渐把口语转化成书面语——怎么说就怎么写。实际上这一点的有效操作和老师、家长的写作态度关系很大，我们不能一提到写作文，就摆出一副正儿八经老学究的架势。久而久之，这样模式化的方法会把孩子自己的语言弄丢了，是非常可惜的。

最后，要让孩子学会借鉴——让他们使用读物中的语言。阅读的过程就是学习书面语，孩子内化了书中别人的语言，以后自己写文章的时候也就可以灵活自如地运用了。这其中涉及引用或者化用传统文化中凝练的语言，要让孩子经常引用古诗词、成语、俚语、俗语，这些语言是汉语中非常经典的部分，也是更为深刻而精准的表达方式，让孩子学会运用这些语言，可以给作文锦上添花。

总结一下，孩子写作文跑题，看上去是审题的问题，实际上和立意、谋篇、下笔成文关系密切,是一个综合性的问题,所以也需要综合性的解决方案。

第十三章
作文、作文还是作文，怎样才能写好作文？

有没有必要引导孩子写读书笔记和读后感？

Q 常爸：学龄前的孩子读完一本书，家长总感觉好像收获不大，所以想要通过让孩子复述或者和孩子讨论的方式来帮助孩子消化书中的内容。到了孩子上小学之后会写字了，家长发现可以让孩子写读书笔记或者读后感，不仅能练字还有助于孩子理解内容。您觉得有必要让孩子读完书写读书笔记或者读后感吗？

A 李老师：和"开卷有益"一样，"开写"也有好处，所以读完书写读书笔记当然是有必要的，但是这项作业怎样开展，有很大的学问。

家长和老师知道读后感很重要，就要求孩子每读完一本书就要写一篇读后感，但其实这是一个很泛化的任务——孩子也许读完之后感想很多，但是当没有规定的范围、主题和要求时，孩子很难将这些感想连接成文，完成起来困难很大。有很多孩子会避重就轻，把读后感做成了摘抄名句名篇，把书本中的句子抄到了自己的笔记本上，或者是空泛地写出几句不连续的感想，这样的读后感也是有用的，但是作用并不是很大。因为如果孩子写不出自己对这本书整体的感受，那也就无法抓住其中的思想、无法内化其中的信息，无法内化就不能转化为自己的语言和思想。

想要写出有质量的读后感并不是一件容易的事情。对孩子而言，最大的挑战是：读完后有些感觉，可能是感动、愤怒或者温暖，但是这些感觉无从说起，他的收获到底是什么，应该怎样来描述，这都需要经过比较严密的思考。所以要写好读后感，孩子的思想锻炼非常重要，其次就是训练表达能力。

这不仅是在写读后感的过程中表现出来，在阅读期间，随着文章内容的展开，孩子的思维就应该跟随着情节开始激荡，收获会在阅读过程中悄然发生。

比如，读文学类的书，主要是让孩子的思维和情感在阅读过程中发生变化。读到某些人物行为，孩子应当能够判断其正确度和价值感；读到某些情节，孩子的思维也会受到挑战，孩子应当尝试预测下一步会发生什么样的事情。在这些思考下，孩子渐渐会和作者产生共鸣。

第十三章
作文、作文还是作文，怎样才能写好作文？

数学、科学类的书，虽然主要是信息类知识的陈列，但也会锻炼孩子的思维能力。比如，一本讲100种恐龙的书籍，孩子应当从不同的角度和特点出发，对这些恐龙进行分类归纳。哪些是食草的、哪些是食肉的，哪些能在天上飞、哪些能在水里游，孩子归类到最后，100种恐龙也许就变成10种了。

这样的收获孩子在读书过程中是能够体会得到的，但是让他独立完成还是有很大难度的，所以需要家长引导。那么家长应该怎样引导呢？那就是让孩子用自己的方式，创造性地写。

我举个例子：假如孩子对故事中一个细节比较感兴趣，那就从这个细节出发，让孩子做出判断和推理，再把大致的过程写出来并讲给家长听。通过想、写、讲，孩子的创造性就一点一点地体现出来了，这样的读后感肯定是孩子愿意写、家长也比较容易引导的。

有的孩子不愿意研究细节，他比较擅长线性的思考，那么家长就要把孩子的思路往这个方向调动。比如，读一本书，可以让孩子把整本书中人物的谱系做出来，或者把整个故事的情节发展白描出来。孩子用什么样的表达方式无所谓，不一定要用大篇的文字来叙述，用一个图表来表示也没有问题，因为一个看上去很简单的图表，背后其实是孩子的大量思考，这种思考是思维深刻化的一个表现，足以达到内化的目的。

还有一些孩子很喜欢模仿，那么家长可以带着孩子去体会作者的文字，比如，作者喜欢什么样的句式、哪些类型的语言，他的文章结构是什么样的。可以让孩子通过多次标注去归纳总结，然后他自己再去动手模仿这样的句式、语言和结构。这也是一种读书笔记，而且这样的笔记最终会有创造性、可见的成果，而不是一个简单的信息转载，这样的读书笔记如果真的做出来了，对孩子来说是有很大的成就感的。

以上是我介绍的几种引导孩子做读书笔记的方式。还要提醒家长的是，读书笔记需要家长协助，更需要孩子有自主能力。我们不能用家长权威去命令孩子："我过去就是这样做的，你现在也必须这样做才行！"这其实是在压制孩子，孩子都是爱挑战、爱创造的，你喜欢的不一定他也喜欢。读书笔记应当是发展思维和表达的一种方式，如果只是书中信息的罗列，很难达到这样的目的，所以我建议，读书笔记应该有创意地去写。

第十三章
作文、作文还是作文，怎样才能写好作文？

本章小结

※ 读得越多，阅读越好；写得越多，写作越好。读得多，说明思考得多；写得多，说明表达得多。当然，这两方面是相互促进的，但不一定读得多了自然就能写得好。

※ 写作一定是练出来的，只读不练一定写不出好的文章来。

※ 孩子写作文跑题，看上去是审题的问题，实际上和立意、谋篇、下笔成文关系密切，是一个综合性的问题，所以也需要综合性的解决方案。

※ 和"开卷有益"一样，"开写"也有好处，所以读完书写读书笔记当然是有必要的，但是这项作业怎样开展，有很大的学问。

第十四章
小学阶段的多样化阅读

我们应该在合适的阶段给孩子介入电子阅读,这样不仅会让孩子形成一个比较稳定的心理,而且通过阅读而不是通过游戏、短视频让他们接触这些电子设备,有助于孩子们形成一个观念:手机、iPad、电脑不仅是娱乐工具,还是重要的学习工具。这种观念建立得越早,孩子使用这些电子设备的时候可能就会更好。

孩子不爱读经典怎么办？

▼

Q 常爸： 孩子上学识字更多之后，阅读量就会加大，很多孩子也会自主选择要读的书。爱读书，这原本是个好事，但是很多父母发现自己给孩子提供的经典作品孩子从来不看。孩子只喜欢读流行儿童文学，不爱读经典这个问题该怎么解决呢？

A 李老师： 我先解释一下什么是经典作品。经典作品就是经过历史选择出来的最有价值、最能代表一个时代的经久不衰的传世之作，这样的作品能让不同时代的人都能从中找到意义、得到启示。比如，中国四大名著之一的《红楼梦》，为什么那么多人要研究它呢？就是因为每个人的心中都有一部自己的《红楼梦》，每个人都能从中受到不同的启发，这本书能让人读别人的故事，想自己的人生。

那么让小孩子读经典的意义也就显而易见了，读书不仅能学认字、学写文章，更能让孩子发现自己、把自己代入到书本当中去。孩子们读书时会模仿书中某个榜样的语言表达、做事风格和思考模式,甚至学着这个榜样的模样去成长。比如,读童话,孩子会把自己想象成白雪公主或者英勇的王子,而不太可能把自己想象成小矮人或者坏皇后,因为他知道非主角或者负面人物的结局不好或者不够有意义。

所以读一本经典,我们能让孩子接触高水平的语言和高层次的思想,家长们的初衷是好的,但是做法不一定合适。这里需要提醒家长们注意以下几个方面。

第一,要在合适的时间给孩子提供合适的经典名著。有些家长比较着急,在孩子还很小的时候就给他读一些比较难懂的经典名著,比如,孩子尚未识字还处于依靠图画来理解文字意义的阶段,家长就给他读《三国演义》,这显然是不合适的,孩子这个阶段不理解这本书中的语言和故事,那么他就不爱读。这些比较难懂的经典,需要孩子长大一些,有了一定的理解能力和生活经验之后再给孩子读,幼儿园的时候看些童书类的经典足矣。

第二,家长要寻找孩子的兴趣点,看孩子平时生活中喜欢什么,先调动他的兴趣,然后见缝插针地加入经典的阅读。比如,孩子喜欢大老虎,那家长可以给孩子讲讲:"有个叫武松的人，他比大老虎还厉害呢！"然后拿出你想要讲的《武松打虎》的故事，自然而然地让孩子接触这本书。与此同时，如果原著阅读有难度，可以自己先给孩子讲一讲这本书的大概内容，找一些比较合适的音视频资源先让孩子有个大致印象，然后再读书，这样会容易一些。

第三，不要因为难，就让孩子读简化版本的经典。我们之所以读经典名著，读的就是其中的语言和思想，简化的版本，在这两方面都难以保证，只是读其中的故事和情节的话，对孩子来说没有太大的意义。

读经典正确的做法应该是领读和导读。因为凡是经典都与我们隔着时代，隔着很多难以理解的东西，有它难读和难懂的部分，所以要给孩子提供一些必要的资料和背景，将孩子引入正确的思考路径，这项工作需要家庭和学校共同来完成。比如有的学校要求孩子阅读《红岩》这本中国红色文学的经典，我们需要给孩子介绍这本书的时代背景、革命先烈的理想和信念，然后再让他们去看里面的故事和人物，这样孩子们才能理解这些英雄人物为了理想信念、为了共同的命运所做出的努力，才理解得了什么是红岩精神。

不过在家庭里做领读和导读也是比较麻烦的，首先孩子也许会不太配合,其次家长也许没有很好的策略让孩子按照自己的想法向前走,所以领读和导读很多时候在课堂中更容易实现。

最后,如果无论如何引导,孩子还是不愿意读经典,那请父母不要强迫就范。四大名著只有四本,孩子这一生都可以读,没有必要非得在小学甚至小学之前,就必须让孩子读他不熟悉的事件、不喜欢的语言。冰心7岁读《红楼梦》,有的人可能到70岁才读,这个问题因人而异,家长们不用太过着急。尊重孩子的意愿,在合适的时间给他们合适的读物,这才是最重要的。

第十四章
小学阶段的多样化阅读

数字阅读与纸质阅读应该如何平衡?

▼

Q 常爸： 我们之前讨论的读书，都是限于纸质书籍，但是现在有很多大人用手机、Kindle、iPad 看书，大人这样看书会影响孩子读书吗？

A 李老师： 这是个比较复杂的问题。现在的孩子是网络时代、数字时代、信息时代的原住民，和我们不一样，他们从小就能接触到手机、Kindle、iPad 等各种电子设备，而且在以后的生活中，这些东西对他们来说也是必不可少的。所以父母不应该回避，应该让孩子尽早了解 iPad、Kindle、手机这些设备的功能，这样的时代，父母有责任让孩子以正确的姿态融入其中。

第一点，父母可以在孩子很小的时候就告诉他："我不只用书本阅读，我还用手机、Kindle、iPad 和电脑看书。"如果你刻意回避这个问题，孩子一看到父母看手机，就是在看视频、玩微信、打游戏，那他可能就认为这个东西就是用来玩的,这样孩子将来用这些东西的时候,心理上就会出现问题,他不知道自己用这些设备是不是正当,因为你传递给他的价值判断是:这些设备都是用来娱乐休闲的,不是用来学习、工作的。所以为了避免孩子可能会出现的困扰,父母在这些电子设备上读书、学习时,应该大大方方地告诉孩子:"你的纸质书籍是书,我的电子设备上的也是书,我们看的东西都一样,只是形式不同而已。"

第二点,我们应该在合适的阶段给孩子介入电子阅读,这样不仅会让孩子形成一个比较稳定的心理,而且通过阅读而不是通过游戏、短视频让他们接触这些电子设备,有助于孩子们形成一个观念:手机、iPad、电脑不仅是娱乐工具,还是重要的学习工具。这种观念建立得越早,孩子使用这些电子设备的时候可能就会更好。

这个时代的阅读概念已经不同于过去时代的阅读概念了,纸媒阅读已经不是唯一的方式,但电子阅读也有诸多问题,相信家长们都深有体会。现在 Kindle 和手机的阅读还相对单纯些,但是网络阅读就复杂多了,有时候阅读的过程中会突然跳出很多乱七八糟的东西,很多成人都无法保证不去点击任何链接。所以,网络时代的孩子们也必须要学会在

第十四章
小学阶段的多样化阅读

大量纷繁、复杂的信息中保持专注,并拥有判断出哪些是无关信息、哪些是有关信息、哪些又是重要信息,最终筛选出自己想要的信息的能力。

国际阅读能力测试(PIRLS)也很重视数字阅读,这个测试做过一个小实验:他们制定的规则是在 40 分钟的固定测试时间中,谁做的题多且对,谁的得分就高,但他们在线上阅读题中插入了小链接,如果有的孩子被引诱分心,点了其中的链接,原本 3 分钟就看完的题目,5 分钟才看完,这就浪费了时间,无法在规定时间内做完题了。所以,现在数字阅读的问题开始凸显,家长需要注意,从小要引导孩子学会专注,尽量在读书的过程中不去犯这样的错误。

语文学习需要上课外辅导班吗?

Q 常爸: 上了小学之后,语文方面的学习需要让孩子去辅导班里加强吗?

A 李老师: 我个人认为加强语文学习不只是上课外班这一个途径。

首先,生活本身就是语文。周末休息的时候,家长如果还想让孩子学习,可以带孩子去与文化相关的场所体验,这比在课外班里埋头学习提高试卷分数的技能、技巧要好得多。

其次,家长要明白,导致孩子语文成绩上不去的原因有很多,家长应该和孩子一起找出主要原因,不能盲目跟风,看到别人家的孩子去补课,就让孩子也跟着去补课。有时候辅导班里和学校一样,每班都有几十个孩子,老师不可能面面俱到,照顾到每一个学生。而在家庭里学生只有一个,家长可以做到因材施教,这比辅导班更有针对性,也容易找出孩子的弱项。这是我更加推荐的"补课"方式。

本章小结

- ※ 读书不仅能学认字、学写文章,更能让孩子发现自己、把自己代入到书本当中去。
- ※ 读经典正确的做法应该是领读和导读。因为凡是经典都与我们隔着时代,隔着很多难以理解的东西,有它难读和难懂的部分,所以要给孩子提供一些必要的资料和背景,将孩子引入正确的思考路径,这项工作需要家庭和学校共同来完成。
- ※ 我们应该在合适的阶段给孩子介入电子阅读,这样不仅会让孩子形成一个比较稳定的心理,而且通过阅读而不是通过游戏、短视频让他们接触这些电子设备,有助于孩子们形成一个观念:手机、iPad、电脑不仅是娱乐工具,还是重要的学习工具。
- ※ 生活本身就是语文。周末休息的时候,家长如果还想让孩子学习,可以带孩子去与文化相关的场所体验,这比在课外班里埋头学习提高试卷分数的技能、技巧要好得多。

PART

05

语文改革的方向

第十五章
从传统语文的碎片化学习向现代语文的整体化学习转变

语文整体教学,它的主要特征就是"整体",它是以整体学习情境和具体学习任务系统设计的教与学的互动过程。以语言文字的理解和运用为核心目标,语文整体教学把小学语文教科书、整本书和实践活动整合,以可视化作业呈现学习成果,以学生语文素养表现为评价标准,在完成任务的过程中实现个性化的学习。

第十五章
从传统语文的碎片化学习向现代语文的整体化学习转变

什么是语文整体教学?

▼

Q 常爸: 我们这一代的父母从小接受的是以记忆、背诵为主的传统语文教学方法,从和您的访谈来看,死记硬背显然已经过时,不再是这个时代语文学习的主要方式。那么,您觉得信息时代的语文学习和传统语文学习最大的不同是什么?

A 李老师:传统语文是碎片化的学习,而现在的语文倾向整体化学习。目前语文教学的改革方向是语文整体教学法。

Q 常爸: 语文整体教学? 这个词语比较新鲜,它是什么意思呢?

A 李老师: 其实,语文整体教学并不是什么高深的词汇,在现实生活中,很多东西都是整体的。比如,我们的人生,就是这样一个大的整体,虽然我们每天都在经历无数的事情,但其实这都是我们人生中的一个瞬间、一个部分。

想要理解语文整体教学的意思，我们首先要弄清楚碎片语文教学是什么。碎片语文教学就是把一篇完整的文章分解成支离破碎的字、词、句、段。本来作者完成的这篇文章是前后连贯、相互联系的，从作者的角度看，他是用一个完整的作品表达了一个整体的观点。但是在碎片语文教学法下，人为地把这篇完整的文章像用剪刀剪布条一样，变成一段一段、一句一句、一词一词，最后把它完全铺展开来了。

实际上，碎片语文教学法的初衷是好的，这就像是解剖人体一样，我们要切开人体，才能看到里面的构造、每个器官的形态，进而才能研究它们的功能和机理。传统的碎片语文教学法貌似就是借鉴了解剖学的这种方法。

回想一下，我们以前的语文是怎么学的？老师先讲文章的骨架，一共5个段落的文章，老师按照"总分总"把它分成开头一段、中间三段、最后一段，切成这样之后，再讲解每个段落中的优美句子，句子中又有哪些好词。我们甚至会把很多词语标红突出，就这样越走越细、逐字逐句讲解。这是碎片语文教学的一个比较典型的特点，从老师的角度来看：这样很好啊，分得越细越小，孩子们就看得越清楚啊！

第十五章
从传统语文的碎片化学习向现代语文的整体化学习转变

Q 常爸：很多人也是这么想的，切开来看，不就生词也学了，句子也理解了，这样做有什么不好呢？

A 李老师：碎片化的缺陷在于，看上去学了很多东西，但其实学到的只是细枝末节，而失掉了整体的概念，学生到最后无法领会这篇文章想要表达的主旨。就像解剖人体，解剖完了之后，很多时候就回不到原位了；一篇文章也一样，老师"一刀一剪"地把它分解了之后，认为学生看清楚了，任务就算完成了，该学生自己消化理解了，但其实学生是没有能力再把文章给拼回去的。

把一篇文章先剪成段，再剪成句，再把每一句剪成一个个词语，想象一下，最后在学生面前飘来飘去的就是一个个标点、词语和生字。一个孩子，如果你不教他怎么重新进行组合，他就会让这些碎片散乱在那里，不管了，因为太乱了，他根本没有想要收拾的想法。这就和有时候孩子们把电视机、录音机拆开了拼不起来是一样的道理，能够重新拼好的孩子毕竟是少数，绝大多数孩子还是不具备那样的能力的。

如果我们教的语文每一天都是这样散乱无章的，那么孩子一进入语文的世界，就会像进入了一个杂乱无序的房间一样，学习语文在孩子的观念中，就是生字、词语和句子，老师整天让他们写字写多少遍、组词组多少个、用哪些词语造句子。孩子根本不知道一篇文章后面的规律是什么，因为老师没有拿一篇一篇的文章相互比较，更没有拿一本书和一本书去做对比。

以上就是碎片语文教学的弊端，而这正是语文整体教学可以解决的。所谓的碎片是剪断联系，让单个的字、词、句漂浮在空中、各自存在。所谓的整体，不是一篇文章就是一个整体，也不是要把整体解剖给学生看，而是强调了各部分之间的关系，强调文章和文章、书本与书本之间的联系。

常爸：关于碎片语文教学，很多父母能够理解，因为都是那么学过来的，但是对于语文整体教学的具体操作还不是很了解。

李老师：语文整体教学，它的主要特征就是"整体"，它是以整体学习情境和具体学习任务系统设计的教与学的互动过程。以语言文字的理解和运用为核心目标，语文整体教学把小学语文教科书、整本书和实践活动整合，以可视化作业呈现学习成果，以学生语文素养表现为评价标准，在完成任务的过程中实现个性化的学习。

语文整体教学不是一篇一篇地教课文，而是一个单元一个单元地讲，一个单元里面包含了好几篇课文，老师要把它当作一个整体来讲解。具体的教法很多，多数情况下会利用表格的方式让孩子去找多篇文章的相同点和不同点，另外还要从综合素养的角度让孩子去学习语文，这就靠近了我们之前提到的语文素养，是一种更为全面、科学的教学方法。

Q 常爸：虽然看上去语文整体教学对老师和孩子的挑战加大了，但是的确做到了更加人性化，是什么促成了这样的转变呢？

A 李老师：碎片语文教学和语文整体教学的哲学观念、出发点不同促成了这样的转变。

碎片语文教学的基本观点是，解读得越深越细，孩子的收获就越多,所以它的出发点就是解读文本、就是语文本身。实际上这也是中国学习传统语文的一个比较重要的方式,在这其中老师处于主导地位,孩子看上去更像是一个被动的接受者。

而语文整体教学的出发点是学生本身,在教和学的过程中,学生才是主体,教语文不是为了展示老师的水平有多高、教得有多细多深,而是要把文章都呈现给学生,让学生自己去观察、体验和感悟。学生作为有思想、有能力的独立个体,应当自己去动手动脑、去实践,这样才能触摸到语文中最根本的东西。在这个过程中,老师充当的应该是一个辅助者的角色,真正付诸于实际行动、创造和发现的应该是学生本人。

常爸: 可是孩子真的有这样的能力吗?如果遇到搞不懂的字、词、句该怎么办呢?

李老师: 有的妈妈在家里总是大包大揽、帮孩子打理一切,如果有一天,妈妈决定放手,会发现孩子自己也能搞定。学习语文也是这个道理,如果不放手,你永远都不知道孩子的能量有多大。

语文学习中,对于新鲜的、具有认知障碍的词汇,孩子们是有天生的敏感性的,他多数情况下并不需要老师的帮助就能自己搞清楚,这种能力和饿了吃东西、渴了喝水一样,是人类天生具备的求生能力。据我观察,很多孩子学习的时候,如果遇到他不懂的一个词语,他有时候会问老师,那么老师可以给他讲解,也有些时候,他不会问,但是他会反复揣摩,读一遍想一遍,慢慢地琢磨多了,就能自行理解了,这就是一种语文学习的能力。如果遇到词语不问也不想,那么就是失去了语文学习的能力,失去这项能力,就等于孩子先天的求生能力在下降,这在正常孩子中是不常见的。

语文整体教学所传达的理念是,孩子是一个生命整体,也是一个独特的个体,他有自我学习和自我修正的能力。 老师要做的工作不应该是解剖文章,而是适当地解构一篇文章,就是要教孩子怎么看文章,要强调文章内部的联系、文章与文章的联系及异同,甚至要看文章和人生的联系。这样的整体关系不是展开在桌面上的一个平面图,而是一个立体图、星际图,或者化学结构式中那些分子、原子的结构图,不同的孩子所建立的立体图是不一样的。所以,语文整体教学才是真正地教学生,而不是教学科。

Q 常爸: 这个时代,我们更加需要的是能够独立思考,可以做出综合判断的综合型人才,语文学科教学法的转变是否也正是为了迎合当前的社会变革?

A 李老师: 是的,我们已经走进了一个整合的时代。举个例子,当代的物理、数学、化学等科目在其领域内的研究已经至顶了,现在这些学科的研究趋势是模糊学科边界,向边缘学科进发,比如物理和化学、生物和化学,开始这样把两三个学科放到一起,用某一学科的原理碰撞另一学科的问题,这样才会有新的东西产生。

在这个注重整合的时代,切割知识已经显得不合时宜了,因为知识已经足够细碎、大量了。只有五个、十个知识点时我们是可以联系起来的,靠什么连接呢?一般来说是靠实验或者经验。那如果有一千、一万,甚至十万个点呢?再靠原来的老办法可就不奏效了,需要靠想象力和创造力去连接。

霍金没有亲身去太空看到过真实存在的黑洞,但他提出这个假设为什么能够让大家信服呢？首先是他有扎实的科学基础，他用物理、数学公式演算出来了；其次他拥有无限的想象力，他会脚踏实地也能天马行空，这就是技术和想象力之间的完美整合。

这个日渐融合的社会需要我们每个人考虑自己与其他人的关系、自己所承担的工作与他人的工作的联系，我们不是一个独立的存在，需要整合、利用社会资源。比如写论文，你要查阅大量的文献，考察你所关注的选题的研究程度，这样才能站在别人的肩膀之上看到更深层次、更加新颖的东西，这就像站在更高的山峰之上才能看到更美的风景一样，我们在这些知识的基础之上，可以提出自己创造的新的观点。国外很多博士生导师就是这样指导学生的，先给每个学生发10份资料，让他们花一周时间去看这些资料，到了约定的时间，不是要学生写出来这些资料中都讲的是什么，而是要学生告诉大家，在这10份资料中他都发现了什么、有了哪些新的想法。

实际上，这个整合时代里，不光是博士生做研究，我们任何人学习都受到了整合了的资源的影响，没有人是零起点，我们或多或少都被支撑着。所不同的是，在向外看的时候，有的人脚下垫了1块砖，有的人垫了10块砖。

语文整体教学现在要做的是拿5篇文章给孩子看，不是教他们学会这5篇文章中的字、词、句，而是让孩子从这5篇文章中领悟出自己的东西。老师要做的不应该是解读文本，也不应该是用零碎知识填满孩子的脑袋，而是应该带孩子进入到文本中去，然后再让他们跳出来看文章的优劣和可以学习到的东西。比如这5篇文章之间有什么样的相同点，编者为什么要把它们放在一起？它们有什么不同？同样都是说明文，说明方法和顺序都不同，你觉得怎样写更好呢？孩子如果能看出其中的好，还能模仿当中的1篇或者综合5篇的写法，那水平就提升到了另一个层次。实际上，这就不只是从文章的角度汲取里面的意义和价值，而且还从语文的角度看到其中的规律性。

常爸：目前，语文整体教学的研究进行到什么样的程度了呢？

李老师：现在全国很多教育行业从业者都在进行研究，但是整合内容的水平还处于初级阶段，主要集中在主题式的整合。比如，一个单元的5篇文章都是在讲父母对孩子的爱这个话题，那么孩子们就要去研究每篇是怎么讲的、有什么区别，而这只是低层次的整合。

下一个阶段，要整合的方向应当是语文能力和语文素养。比如，这个单元都是对话较多的文章，那么孩子们就可以研究应该怎样读对话、对话有多少种形式、对话的表现力如何。读完之后，老师可以创设一个情境，拿一张上面有人物或者动物的图片，让孩子设想他们会说什么、正在干什么。这个过程中老师要引导孩子去回顾已经学完的5篇文章，让孩子把想到的对话写下来，这样孩子在读书和建立意义的过程中，就整合了所学到的语言。这样的整合是非常全面而高效的，是语文整体教学以后的发展方向。

我个人对语文整体教学研究了十多年，从单篇教学到单元整组教学，再到单元整体教学，现在叫"整体教学"。这项成果2014年获基础教育国家级教学成果二等奖，2017年获北京市基础教育教学成果一等奖。我们已经建立了基本理论模型和实践操作的模板，正在编写教师整体教学手册和学生使用的整体学习手册，包括读整本书和实践手册，都将出版，希望能给学生和老师提供可操作的方式。

面对这样的学科改革,家长该如何应对?

▼

常爸:语文整体教学法是语文学科发展的趋势,貌似和学校、老师的关联性比较大。那么,面对这样的学科改革,家长们应该以什么样的姿态来迎接,或者应该怎样配合老师和孩子呢?

李老师:我觉得家长需要做到三点。

第一点,不要只关注孩子的考试成绩,而要多关注考试的试卷。孩子考完试,不要只盯着试卷上的分数,要多看几眼这份考卷,分析试卷的考题,然后再和孩子交流到底哪里出了问题。有些问题是值得关注的,而有些就不需要担心。

常爸:那如果孩子考试成绩不理想,具体哪些情况需要担心,哪些不用呢?

第十五章
从传统语文的碎片化学习向现代语文的整体化学习转变

A 李老师： 举个例子，孩子拿回一张试卷，你分析之后发现其中需要机械记忆的基础知识占了60分，阅读和作文占了40分，而孩子有十几分都丢在了这些需要机械记忆的基础知识上，那就不必过于担心。但是如果试卷上需要机械记忆的基础知识只占了30分，阅读和作文占了70分，而孩子丢掉的十多分都是阅读和作文题，那家长就要重视了，因为孩子也许欠缺的是语文的核心能力。以后的考试，会越来越多地考查孩子的综合能力，越来越少考记忆性的内容，现在语文的考试已经开始向阅读和作文两方面倾斜，将来试卷上也许就只有两道题——阅读和写作。如果孩子掉进机械训练的圈子，以后会很难适应那样的局面。所以，不要只看成绩，要把关注的点放到孩子的语文能力上，只要把孩子的这项能力培养起来，以后就不会有问题的。

这个问题还可以延伸一下，我们说机械训练不利于培养综合能力，但是不排除有些孩子机械训练也能学得很好，为什么呢？因为如果孩子学习用心、认真，他有学习方法和感悟能力，这也是可以培养出较高的学习能力的，但是这样的孩子占比较小，多数孩子还是需要综合性培养的。所以，这第一点，要提醒家长们，只看卷面分数不一定能帮助孩子学业进步，更需要关注的是孩子真正的短板是什么。

第二点，家长要协助孩子养成自学的习惯。现在很多家庭都有一个留言板，一家三口每天都往上面写几句话发表自己的观点，孩子会很感兴趣，因为他不知道爸爸妈妈会写什么，对他来说这就像小游戏一样，孩子也会学家长的样子去写。写的内容可以包罗万象，比如，我今天喝的果汁是葡萄味的、有只毛毛虫路过了我们家门口、今天晚上吃糖醋鱼……写什么都可以，重要的是这个形式，家长给孩子创设发表观点的条件，能让孩子有机会也有意识地去表达自己的想法和观点，慢慢地孩子就会喜欢写字、喜欢表达，对孩子语文的学习很有帮助。类似的方式有很多，就是要让孩子在生活中找到学习的感觉，慢慢就会养成自学的习惯。

第三点，家长要帮助孩子建立自信心。现在很多孩子其实很迷茫，尤其是学习不好的孩子，本来学习这件事对他来说就比较困难了，家长和老师还经常批评他们，他们就更加没有自信心了。这个时候，对家长来说，比苦口婆心逼迫孩子学习更紧迫的是，要从小事上看到孩子的大优点。比如，孩子虽然学习不太好，但是经常帮家长做家务，也很喜欢帮助别的同学，那家长不能对他乐于助人的优点熟视无睹，而只强调孩子不会写字、成绩不好，家长应该发自内心地欣赏、认同孩子这方面的优点。只有家长认同了孩子，孩子才能认同他自己，这样他才能有信心去做好其他事情，比如学习。

说到这个话题，就必须再强调一下整体性。我们说一个孩子学习差，要从整体上系统考虑他学得差的原因，然后给孩子实质性的帮助。语言上的激励，很多家长都能做到，但是很少有家长关注孩子内心的困惑。在孩子成长过程中，一定会有很多大大小小的困惑，会价值错乱、会否定自己、会自我贬低，这些困惑让他产生无力感，让他失去进步的勇气，那么家长就要和孩子深入沟通、对症下药，重建孩子的自信心和进取心。

这里要讲一下家长和老师的定位问题。现在有个说法是"家长越来越像老师，老师越来越像家长"。家长越来越像老师，是因为家长总是怕老师教得不够多、不够好，他在家里还要再给孩子上课；而老师越来越像家长呢，是因为他总是要去照顾孩子的生活，而浪费了一些教学的时间，这也是被家长所迫——时不时接到电话"请老师帮某某找下水杯""作业放到学校门卫处""某某感冒了,请老师观察"……

家长把老师当作自己孩子的保姆了！

实际上，家长的责任是教孩子养成生活、学习习惯，教孩子怎样做人；老师的责任是教孩子如何学习、如何提高素养。家长和老师的定位准确，才能高效配合，否则就会徒增焦虑和恐慌。

总结一下，家长对于语文整体教学法的应对策略就是要整体考虑、系统解决，建立孩子自信的同时，配合老师工作。

常爸：谢谢李老师，相信家长们看到这些内容后，会有更多的思考和启发。

第十五章
从传统语文的碎片化学习向现代语文的整体化学习转变

本章小结

※ 传统语文是碎片化的学习,而现在的语文倾向整体化学习。

※ 从作者的角度看,他是用一个完整的作品表达了一个整体的观点。但是在碎片语文教学法下,人为地把这篇完整的文章像用剪刀剪布条一样,变成一段一段、一句一句、一词一词,最后把它完全铺展开来了。

※ 语文整体教学不是一篇一篇地教课文,而是一个单元一个单元地讲,一个单元里面包含了好几篇课文,老师要把它当作一个整体来讲解。

※ 语文学习中,对于新鲜的、具有认知障碍的词汇,孩子们是有天生的敏感性的,他多数情况下并不需要老师的帮助就能自己搞清楚,这种能力和饿了吃东西、渴了喝水一样,是人类天生具备的求生能力。

※ 家长的责任是教孩子养成生活、学习习惯,教孩子怎样做人;老师的责任是教孩子如何学习、如何提高素养。家长和老师的定位准确,才能高效配合,否则就会徒增焦虑和恐慌。

附录一

语文学习路线图（家长手册）

孩子年龄阶段	官方发布儿童发展与教学要求	家长应该这样做
幼儿 5岁前	1. 倾听与表达 （1）认真听并能听懂常用语言； （2）愿意讲话并能清楚地表达； （3）具有文明的语言习惯。 2. 阅读与书写准备 （1）喜欢听故事，看图书； （2）具有初步的阅读理解能力； （3）具有进行书面表达的愿望和初步技能。	首先需要明确的是这些标准是幼儿园的教学标准，是在幼儿园老师的带领下应该达到的目标。家长只起辅助的作用，去关注孩子们在这些方面有没有达到标准。如果没有达到，再去帮助孩子。 　　家长首先要关注两个大的方面，第一是"倾听与表达"；第二是"阅读与书写准备"，有一个关键词，就是"准备"，所以家长们不必过于着急去做一些实质性的阅读和书写活动。 　　"倾听与表达"的部分，大家要关注几个关键词："听懂""愿意讲话""清楚地表达""语言习惯"等。这些能力只有在日常的交流中才能养成。要多跟小朋友说话，也要多鼓励小朋友自己表达，这样小朋友的语言能力才能发展得好。 　　对于5岁的小朋友来说，他们喜欢听故事，从"听故事"逐渐过渡到"看图书"，还是需要家长做及时的引导，比如，家长把故事讲到一半，然后告诉小朋友这个故事就在这本书里边，我们一起来看看。在阅读的过程当中，就会形成初步的阅读理解能力。具有书面表达的愿望和初步技能肯定不只是会写汉字，还要把图画的表达发挥好，让小朋友通过图画去表达自己的想法。

附录一
语文学习路线图（家长手册）

续表

孩子年龄阶段	官方发布儿童发展与教学要求	家长应该这样做
幼小衔接 5～6岁	1. 倾听与表达 （1）能注意听讲，有疑问时能主动提问，能够理解相对复杂的句子； （2）会说普通话，敢于在众人面前说话，语言比较生动，能清楚地描述一件事情； （3）能积极回应问话，会根据所处情境使用恰当的语言，并调整说话的语气。 2. 阅读与书写准备 （1）能够专注地读书，喜欢与他人讨论书中的内容，对文字及内容感兴趣，知道文字表示一定的意义； （2）能说出阅读的作品的主要内容，并根据故事情节续编、创编故事；对听过或看过的图书/故事能说出自己的看法； （3）愿意用图画和符号表现自己的想法；会正确书写自己的名字；写画时姿势正确。	在幼小衔接阶段，也要注意几个关键词。比如，"主动提问""理解相对复杂的句子""清楚地描述一件事情""使用恰当的语言"，"调整说话的语气"…… 提问是小朋友的天性，家长能够做出及时的反馈，鼓励他们，他们就会养成提问的习惯。提问不只是问大人，还要让小朋友自己学会思考，问题是思考的开始。所以，小朋友提出的问题，不一定都由大人来解决，大人可以和他一起来探讨问题的答案。 "清楚地描述一件事"，对小朋友而言非常有挑战，他怎么才能从开头说到结尾呢？有些小朋友的条理性是比较差的，这个怎么办？先要听他把一件事情说完，然后鼓励他：这么复杂的一件事情你都能说好了，那么我再给你说一说，看这样行不行。让小朋友自己去判断，千万不要说：你说得不好，你听我说。这样小朋友的自信心就会受到打击。因为有逻辑地表达，对于这个阶段的孩子来说，还是非常具有挑战的，所以，要注意用合适的方式来引导他们。 小朋友要能够续编、创编故事和自然说出自己的想法，这是需要在阅读过程中训练的。在家庭里面，当一本书读完了的时候，孩子意犹未尽，家长就可以问小朋友接下来会发生什么。这就是一种创编，不一定非要让孩子把这个故事写在纸上。 书写，这里规定的已经比较详细了，用图画和符号表现自己的想法。要注意，汉字是一种符号，但是这里并没有强调用汉字去表达。这个符号是小朋友自己能够理解的符号就可以。 让孩子在田字格里练习书写自己的名字。不要写得过多，学会且写得工整就好，这样孩子也会有成就感、有自信心。

续 表

孩子年龄阶段	官方发布儿童发展与教学要求	家长应该这样做
小学 1～2 年级	1. 识字与写字 （1）喜欢学习汉字，认识常用汉字 1600 个左右，其中 800 个左右会写； （2）掌握汉字的基本笔画和常用偏旁部首，学会独立识字，会查字典； （3）写字姿势正确，有良好的写习惯； （4）学会汉语拼音。 2. 阅读 （1）喜欢阅读，学习用普通话朗读／默读课文； （2）阅读／诵读浅近的童话、寓言、故事、古诗，能够感受语言的优美，向往美好的情境； （3）认识并能体会标点符号的作用； （4）背诵优秀诗文 50 篇（段）；课外阅读总量不少于 5 万字。 3. 写话 （1）对写话感兴趣，能运用阅读和生活中的词汇，写自己想说的话，写想象中的事物； （2）学习使用标点符号。 4. 口语交际 （1）使用普通话，与人交谈有礼貌，有表达的自信心； （2）能认真听别人讲话、听故事、看音像作品，并复述大意和自己感兴趣的情节。 5. 综合性学习 （1）对周围的事物有好奇心，能就感兴趣的内容提出问题，结合课内外阅读共同讨论； （2）结合语文学习，观察大自然，用口头或图文方式表达自己的观察所得； （3）热心参加校园、社区活动，结合活动，用口头或图文等方式表达自己的见闻和想法。	小学阶段的标准是在学校里由语文老师带领学生共同达到的目标。家长对这一点要有非常清楚的认识。 　　标准中关于字数、篇目的规定，都是和教科书紧密结合的，教科书编排的过程当中，就已经按照标准编排了。学习教科书就可以落实数量的目标。家长不用再去做其他的字表。 　　在家庭里应该关注的是孩子的学习行为和学习习惯。孩子的执笔姿势、坐姿及读书姿势，在家庭中都需要和学校统一要求。孩子要有正确的姿势，这对他们的身体健康是非常有益的。 　　如果家长觉得自己的孩子学有余力，那么可以让他广泛地大量阅读。阅读的时候要尊重孩子自己选书的权利。从小开始让孩子自主选择喜欢的书，他们会逐渐形成自己的选书能力，逐步提高阅读品位。 　　孩子写话能力还是相对比较弱的，在家庭里可以训练孩子的口语交际能力。最好能够让孩子养成记日记的习惯，这样，孩子的表达和思考就能结合在一起，能用文字来记录自己的想法和生活见闻，也会有学习的成就感。 　　应该注意的是"综合性学习"，这项学习家长带领孩子在家庭里做的可能性比较大。如"讨论""观察""参加社区活动"，并且把这些所得用口头或图文的方式表达出来。家长可以带着孩子在活动中思考，让孩子用自己喜欢的方式来表达。

附录一
语文学习路线图（家长手册）

续表

孩子年龄阶段	官方发布儿童发展与教学要求	家长应该这样做
小学 3~4 年级	**1. 识字和写字** （1）对汉字有浓厚兴趣，养成主动识字的习惯； 认识常用汉字2500个左右，其中1600个左右会写； （2）有初步的独立识字能力，会用音序检字法和部首检字法查字典、词典。 （3）写字姿势正确，有良好的写字习惯；能使用硬笔书写正楷字，用毛笔临摹正楷字帖。 **2. 阅读** （1）用普通话朗读／默读课文；学习略读； （2）能联系上下文，体会关键词句表达情意的作用；能初步把握文章的主要内容，体会文章表达的思想情感； （3）在阅读和生活中积累优秀词语、句段；背诵优秀诗文50篇（段）； （4）养成看书看报的习惯；课外阅读总量不少于40万字。 **3. 习作** （1）喜欢书面表达，愿意与他人分享习作的快乐；能够把自己想要表达的内容写清楚； （2）尝试运用平时积累的语言材料；能用简短的书信、便条进行交流； （3）学习修改习作中的错误词句；课内习作每学年16次左右。 **4. 口语交际** （1）能用普通话交谈，学会认真倾听，不理解的地方能够与人交流、商讨； （2）能够把握谈话的主要内容，并简要转述；说出自己的想法和感受；讲述故事力求生动、具体。	识字和写字仍然是比较重要的任务，识字和写字能力不是从简单重复的训练当中得来的，它也需要有一定的实质的经验，然后才能够变成能力。在家庭里，家长应该把一个单元或几个单元的字，放在一起跟孩子来做识字游戏，让孩子能够对更多的字有分类的能力。 孩子在家庭里阅读，家长也要和孩子同读一本书，能有一些话题进行讨论，孩子的思考能力和表达能力都会得到提升。家长也可以订阅报刊，培养孩子阅读书报的习惯。虽然现在是一个多媒体阅读的时代，但是对于小学生而言，"读"和"写"有利于大脑发育，所以这种读写活动应该一直坚持。 孩子阅读以后，可以组织小型的讨论，商讨读书的感受、想法，这样孩子就会养成发表自己见解的习惯，提高表达能力。家长不要做孩子观点的裁判，应该做他们产生观点的教练。

续表

孩子年龄阶段	官方发布儿童发展与教学要求	家长应该这样做
小学 3~4 年级	5. 综合性学习 （1）能提出学习和生活中的问题，有目的地搜集资料，共同讨论； （2）结合语文学习，观察大自然，观察社会，用书面或口头方式表达自己的观察所得； （3）能在教师的指导下组织有趣味的语文活动，在活动中学习语文，学会合作； （4）在家庭生活、学校生活中，尝试运用语文知识和能力解决简单问题。	"综合性学习"在家庭里进行的条件比较好，生活中随时都有问题，孩子可以提出来，根据自己的兴趣，搜集资料，用在学校学到的知识解决生活中的问题，最后形成自己的研究成果。
小学 5~6 年级	1. 识字与写字 （1）有较强的独立识字能力，认识常用汉字 3000 个左右，其中 2500 个左右会写； （2）能以一定速度用硬笔书写楷书；能用毛笔书写楷书，在书写中体会汉字之美； （3）写字姿势正确，有良好的书写习惯。 2. 阅读 （1）能用普通话朗读课文；默读一般读物每分钟不少于 300 字； （2）能联系上下文和自己的积累，推想课文中词句的意思，体会词语的表达效果； （3）诵读优秀诗文，能够体会作品的内容和感情；背诵优秀诗文 60 篇（段）； （4）扩展阅读面，课外阅读总量不少于 100 万字。 3. 习作 （1）懂得写作是为了自我表达和与人交流；养成留心观察周围事物的习惯； （2）能写简单的记实作文和想象作文；能够修改自己的习作，并主动与他人交换修改； （3）习作要有一定速度。课内习作每学年 16 次左右。	在这个阶段，孩子应该有独立识字的能力。独立识字不应该只是认识字形、读准字音，应该能够准确地选择字的意思，能够联系上下文来推测一个词语的意思。家长在帮助孩子，考查孩子识字能力的时候，要尊重孩子的思路，跟他进行一些探讨。这个时期同样要注意正确的姿势和良好的习惯。 默读已经成为他们阅读的主要方式，因为这种方式有利于思考，希望孩子能有相对持久的阅读时间，比如每次读书不少于半小时。 与家长交流自己的读书收获，或者对生活当中某些事情的看法。家长还是本着讨论的原则，跟孩子交流，让孩子能够发表自己的见解。

附录一
语文学习路线图（家长手册）

续 表

孩子年龄阶段	官方发布儿童发展与教学要求	家长应该这样做
小学 5~6年级	4. 口语交际 （1）与人交流能尊重和理解对方；乐于讨论，敢于发表意见； （2）认真听人讲话，能抓住要点并简要转述； （3）表达有条理，能根据对象和场合，做合适的简单发言； （4）注意语言美，抵制不文明的语言。 5. 综合性学习 （1）为解决与学习和生活相关的问题，利用图书馆、网络等信息渠道获取资料，尝试写简单的研究报告； （2）策划简单的校园活动和社会活动，对所策划的主题进行讨论和分析，学写活动计划和活动总结； （3）对自己身边的、大家共同关注的问题，或电视、电影中的故事和形象，组织讨论、专题演讲，学习辨别是非、善恶、美丑； （4）初步了解查找资料、运用资料的基本方法。	总而言之，对孩子的学习而言，学校是个训练场，家庭是个展示场，把更多的学习收获和学习成果在家庭中展示、交流，让家长看到孩子的进步和发展。家长更应该关注的是孩子是怎么学习的，听他们讲讲自己的思路，能够帮助就进行帮助，如果不能有实质性的建议，就多鼓励，认同他们自己的学习方法，鼓励他们不断总结学习经验，获得更大的发展。家庭中更应该关注的是学习姿态和学习习惯。 对生活中出现的问题，家长可以和孩子进行讨论，也可以带领孩子到图书馆等文化场所，熟悉环境，查阅资料，解决生活中的问题。尝试让孩子写简单的研究报告。

参考来源：

1. 中华人民共和国教育部2012年发布《3~6岁儿童学习与发展指南》；

2. 中华人民共和国教育部制定《义务教育语文课程标准（2011年版）》。

附录二
小学"读整本书"推荐书目

🌱 一年级上学期书目

■ 文学
《蝴蝶·豌豆花》 金波／主编
《一园青菜成了精》 周翔／绘
《笨狼的故事》 汤素兰／著

■ 科学与数学
《第一次发现·濒临危机的动物》
　法国伽利玛少儿出版社／编
　[法] 皮埃尔·德·雨果／绘
　王文静／译
《神奇校车·在人体中游览》
　[美] 乔安娜·柯尔／著
　[美] 布鲁斯·迪根／图
　蒲公英童书馆／译

■ 人文与艺术
幼学启蒙第一辑——中国古代神话
《盘古开天地》
　赵镇琬／主编
　杨亚明／文
　岳海波／图
《百岁童谣·花巴掌》 山曼／编

🌱 一年级下学期书目

■ 文学
《野葡萄》 葛翠琳／著
《小猪唏哩呼噜》 孙幼军／著
《我有友情要出租》
　方素珍／著
　郝洛玟／绘

■ 科学与数学
《我的野生动物朋友》
　[法] 蒂皮·德格雷／著
　黄天源／译
《蚯蚓的日记》
　[美] 朵琳·克罗宁／著
　[美] 哈利·布里斯／绘
　陈宏淑／译

■ 人文与艺术
《教孩子唱学三字经》
　[南宋] 王应麟／著
　常青藤爸爸／编著
幼学启蒙第一辑——中国民俗故事
《年除夕的故事》
　赵镇琬／主编
　恒展／文
　冢珉／图

附录二
小学"读整本书"推荐书目

🌱 二年级上学期书目

■ 文学
《妹妹的红雨鞋》 林焕彰／著
《三毛流浪记全集》 张乐平／著
《梁山伯与祝英台》
唐亚明／文
于虹呈／图

■ 科学与数学
《鼹鼠博士的地震探险》
［日］松冈达英／文·图
蒲蒲兰／译
《小牛顿科学馆·恐龙大追踪》
台湾牛顿出版有限公司／编著

■ 人文与艺术
《中国传统童谣书系·小老鼠上灯台》
金波／编
《灶王爷》 熊亮／著绘

🌱 二年级下学期书目

■ 文学
《没头脑和不高兴》 任溶溶／著
《小鱼散步》 陈致元／文·图
《小淘气尼古拉·小尼古拉》
［法］勒内·戈西尼／文
［法］让-雅克·桑贝／图
戴捷／译

■ 科学与数学
《动物王国大探秘·听海洋生物讲故事》
［英］茱莉亚·布鲁斯／文
［英］兰·杰克逊／图
王艳娟／译
《自然图鉴·我们的花草朋友》
［日］松冈达英／编
［日］下田智美／文·图
黄帆／译

■ 人文与艺术
《笠翁对韵》〔清〕李渔／著
《山海经》（白话全译彩图版）
徐客／编著

🌱 三年级上学期书目

■ 文学
《亲爱的汉修先生》
［美］贝芙莉·克莱瑞／著
柯倩华／译
《鼹鼠的月亮河》 王一梅／著
《我是一个可大可小的人》
任溶溶／著

■ 科学与数学
《奇妙的数王国》 李毓佩／著

251

《我的第一本科学漫画书·热带雨林历险记（一）》
[韩] 洪在彻 / 文
[韩] 李泰虎 / 图
苟振红 / 译

《游戏中的科学》
[德] 汉斯·尤尔根·普雷斯 / 著
王泰智　沈惠珠 / 译

■ 人文与艺术

幼学启蒙第三辑——中国古代传说
《黄帝诞生》
赵镇琬 / 主编
郭先芳 / 文
徐锦集 / 图

《希腊神话故事》　聂作平 / 编著

《中国老故事》　亲近母语研究院 / 编著

《生命的故事》
[美] 维吉尼亚·李·伯顿 / 文·图
刘宇清 / 译

《数学就是这么简单·大与小 & 关于时间的一切》
[英] 史蒂夫·魏　弗雷西亚·罗 / 著
马克·毕驰 / 图
曾候花 / 译

■ 人文与艺术

《刘兴诗爷爷讲述中国地理》
刘兴诗 / 著

《千家诗》
谢枋得　王相 / 编选
李乃龙 / 译注

《成语故事》　李新武 / 编写

三年级下学期书目

■ 文学

《神笔马良》　洪汛涛 / 著

《爱德华的奇妙之旅》
[美] 凯特·迪卡米洛 / 著
[美] 巴格拉姆·伊巴图林 / 绘
王昕若 / 译

《宝葫芦的秘密》　张天翼 / 著

■ 科学与数学

《森林报·春》
[苏] 维·比安基 / 著
王汶 / 译

四年级上学期书目

■ 文学

《长袜子皮皮》
[瑞典] 英格丽德·万·尼曼 / 绘
李之义 / 译

《我的妈妈是精灵》　陈丹燕 / 著

《小英雄雨来》　管桦 / 著

■ 科学与数学

《昆虫记》（美绘版）
[法] 法布尔 / 著
王光 / 选译

《让孩子着迷的77×2个经典科学游戏》

附录二
小学"读整本书"推荐书目

[日]后藤道夫 / 著
施雯黛 王蕴洁 / 译
《可怕的科学·要命的数学》
[英]卡佳坦·波斯基特 / 原著
[英]菲利浦·瑞弗 [英]特雷弗·邓顿 / 图
张习义 / 译

■ **人文与艺术**

《北京的春节》
老舍 / 文
于大武 / 图
《写给孩子的哲学启蒙书》(第一辑)
[法]碧姬·拉贝 [法]米歇尔·毕奇 / 著
[法]雅克·阿扎姆 / 图
潘林 王川娅 / 译
《给孩子的古诗词》 叶嘉莹 / 编

[德]夏洛特·瓦格勒 / 绘
谢霜 / 译
《数字的秘密生活：
最有趣的 50 个数学故事》
[瑞士]乔治·G·斯皮罗 / 著
郭婷玮 / 译

■ **人文与艺术**

《老子说》《庄子说》蔡志忠 / 编绘
《中国节》(美绘版)
贺绍俊 吉国秀 / 著
贾晓曦 / 图
《儿童古典音乐绘本·蒂尔的恶作剧》
[奥]马科·希姆萨 等 / 著
[奥]多丽丝·埃辛伯格 等 / 绘
潘斯斯 / 译

🌱 四年级下学期书目

■ **文学**

《爱丽丝漫游奇境记》
[英]刘易斯·卡罗尔 / 著
王永年 / 译
《稻草人》 叶圣陶 / 著
《汉字奇兵》 张之路 / 著

■ **科学与数学**

《小学生最爱玩的 380 个思维游戏》
邓代玉 刘青 / 主编
《101 个神奇的实验·101 个水的实验》
[德]安提亚·赛安 [德]艾克·冯格 / 著

🌱 五年级上学期书目

■ **文学**

《草房子》曹文轩 / 著
《柳林风声》
[英]肯尼思·格雷厄姆 / 著
李永毅 / 译
《哈利·波特与魔法石》
[英]J.K. 罗琳 / 著
苏农 / 译

■ **科学与数学**

《海底两万里》
[法]儒勒·凡尔纳 / 著

253

赵克非 / 译
《物种起源》苗德岁 / 著
《启发每个人思维的数学小书》
[美] 莉莉安·李伯 / 著
[美] 休·李伯 / 绘
朱灿 / 译

■ 人文与艺术
《书的故事》
[苏] 伊林 / 著
胡愈之 / 译
《少年音乐和美术故事》丰子恺 / 著
《我们的母亲叫中国》苏叔阳 / 著

🌱 五年级下学期书目

■ 文学
《城南旧事》林海音 / 著
《狼王梦》沈石溪 / 著
《蓝色的海豚岛》
[美] 斯·奥台尔 / 著
傅定邦 / 译

■ 科学与数学
《安德的游戏》
[美] 奥森·斯科特·卡德 / 著
李毅 / 译
《偷脑的贼》潘家铮 / 著
《数学维生素》
[韩] 朴京美 / 著

姜镕哲 / 译

■ 人文与艺术
《林汉达中国历史故事集》
林汉达 / 著
《这就是二十四节气》
高春香　邵敏 / 著
许明振　李婧 / 绘
《孔子的故事》李长之 / 著

🌱 六年级上学期书目

■ 文学
《西游记》
吴承恩 / 著
黄肃秋 / 注释
《毛毛》
[德] 米切尔·恩德 / 著
杨武能 / 译
《给孩子的散文》李陀　北岛 / 选编

■ 科学与数学
《叶永烈讲述科学家故事100个》
叶永烈 / 著
《可怕的科学·科学新知系列·超级建筑》
[英] 迈克尔·考克斯 / 著
[英] 迈克·菲利普斯 / 绘
徐凤 / 译
《逃不出的怪圈——圆和其他图形》
[英] 卡佳坦·波斯基特 / 著

［英］菲利浦·瑞弗 / 绘
王建国 / 译

■ 人文与艺术

《我的第一本艺术启蒙书》
［法］贝亚特丽斯·丰塔内尔 / 著
李钰 / 译
《希利尔讲世界史》
［美］希利尔 / 著
陈继华　刘娟 / 译
《图解诗经》吴锋 / 编著

■ 人文与艺术

《史记故事》
司马迁 / 原著
孙侃 / 编写
《吴姐姐讲历史故事》吴涵碧 / 著
《希利尔讲艺术史》
［美］希利尔 / 著
李爽　朱玲 / 译

六年级下学期书目

■ 文学

《三国演义》罗贯中 / 著
《朝花夕拾》鲁迅 / 著
《我与贾里贾梅》秦文君 / 著

■ 科学与数学

《科学家工作大揭秘·
古生物学家工作揭秘》
［英］理查德·斯皮尔伯利 等 / 著
万颖慧 / 译
《所罗门王的指环》
［奥］劳伦兹 / 著
游复熙　秀光容 / 译
《数字——破解万物的钥匙》
［英］卡佳坦·波斯基特 / 著
［英］菲利浦·瑞弗 / 绘
张乐 / 译

附录三

小学优秀诗文背诵推荐篇目

(1)《全日制义务教育语文课程标准》要求小学生背诵古今优秀诗文,包括中国古代、现当代和外国优秀诗文,这里仅推荐古诗文75篇(段)。

(2)小学文言文推荐书目:《诗经》《笠翁对韵》《声律启蒙》,还可以选取文言读本。小学生能自读的文言书目不多,如果是老师来辅助阅读,就要在学校里进行,所以,能够读韵语读物即可。

■ 1～6年级(75篇)

1 江南(江南可采莲)
  汉乐府
2 长歌行(青青园中葵)
  汉乐府
3 敕勒歌(敕勒川)
  北朝民歌
4 咏鹅(鹅鹅鹅)
  骆宾王
5 风(解落三秋叶)
  李　峤
6 咏柳(碧玉妆成一树高)
  贺知章
7 回乡偶书(少小离家老大回)
  贺知章
8 凉州词(黄河远上白云间)
  王之涣
9 登鹳雀楼(白日依山尽)
  王之涣
10 春晓(春眠不觉晓)
  孟浩然

11 凉州词（葡萄美酒夜光杯）
   王 翰
12 出塞（秦时明月汉时关）
   王昌龄
13 芙蓉楼送辛渐（寒雨连江夜入吴）
   王昌龄
14 鹿柴（空山不见人）
   王 维
15 送元二使安西（渭城朝雨浥轻尘）
   王 维
16 九月九日忆山东兄弟（独在异乡为异客）
   王 维
17 静夜思（床前明月光）
   李 白
18 古朗月行（小时不识月）
   李 白
19 望庐山瀑布（日照香炉生紫烟）
   李 白
20 赠汪伦（李白乘舟将欲行）
   李 白
21 黄鹤楼送孟浩然之广陵（故人西辞黄鹤楼）
   李 白

22 早发白帝城（朝辞白帝彩云间）
   李 白
23 望天门山（天门中断楚江开）
   李 白
24 别董大（千里黄云白日曛）
   高 适
25 绝句（两个黄鹂鸣翠柳）
   杜 甫
26 春夜喜雨（好雨知时节）
   杜 甫
27 绝句（迟日江山丽）
   杜 甫
28 江畔独步寻花（黄师塔前江水东）
   杜 甫
29 枫桥夜泊（月落乌啼霜满天）
   张 继
30 滁州西涧（独怜幽草涧边生）
   韦应物
31 游子吟（慈母手中线）
   孟 郊
32 早春呈水部张十八员外（天街小雨润如酥）
   韩 愈
33 渔歌子（西塞山前白鹭飞）

张志和
34 塞下曲（月黑雁飞高）
　　卢　纶
35 望洞庭（湖光秋月两相和）
　　刘禹锡
36 浪淘沙（九曲黄河万里沙）
　　刘禹锡
37 赋得古原草送别（离离原上草）
　　白居易
38 池上（小娃撑小艇）
　　白居易
39 忆江南（江南好）
　　白居易
40 小儿垂钓（蓬头稚子学垂纶）
　　胡令能
41 悯农（锄禾日当午）
　　李　绅
42 悯农（春种一粒粟）
　　李　绅
43 江雪（千山鸟飞绝）
　　柳宗元
44 寻隐者不遇（松下问童子）
　　贾　岛
45 山行（远上寒山石径斜）

　　杜　牧
46 清明（清明时节雨纷纷）
　　杜　牧
47 江南春（千里莺啼绿映红）
　　杜　牧
48 蜂（不论平地与山尖）
　　罗　隐
49 江上渔者（江上往来人）
　　范仲淹
50 元日（爆竹声中一岁除）
　　王安石
51 泊船瓜洲（京口瓜洲一水间）
　　王安石
52 书湖阴先生壁（茅檐长扫净无苔）
　　王安石
53 六月二十七日望湖楼醉书（黑云翻墨未遮山）
　　苏　轼
54 饮湖上初晴后雨（水光潋滟晴方好）
　　苏　轼
55 惠崇春江晓景（竹外桃花三两枝）
　　苏　轼
56 题西林壁（横看成岭侧成峰）
　　苏　轼

57 夏日绝句（生当作人杰）
   李清照
58 三衢道中（梅子黄时日日晴）
   曾 几
59 示儿（死去元知万事空）
   陆 游
60 秋夜将晓出篱门迎凉有感（三万里河东入海）
   陆 游
61 四时田园杂兴（昼出耘田夜绩麻）
   范成大
62 四时田园杂兴（梅子金黄杏子肥）
   范成大
63 小池（泉眼无声惜细流）
   杨万里
64 晓出净慈寺送林子方(毕竟西湖六月中)
   杨万里
65 春日（胜日寻芳泗水滨）
   朱 熹
66 观书有感（半亩方塘一鉴开）
   朱 熹
67 题临安邸（山外青山楼外楼）
   林 升
68 游园不值（应怜屐齿印苍苔）
   叶绍翁
69 乡村四月（绿遍山原白满川）
   翁 卷
70 墨梅（我家洗砚池头树）
   王 冕
71 石灰吟（千锤万凿出深山）
   于 谦
72 竹石（咬定青山不放松）
   郑 燮
73 所见（牧童骑黄牛）
   袁 枚
74 村居（草长莺飞二月天）
   高 鼎
75 己亥杂诗（九州生气恃风雷）
   龚自珍

图书在版编目(CIP)数据

每个孩子都能学好语文 / 李怀源, 常青藤爸爸著 . —— 武汉 : 长江少年儿童出版社, 2019.1
ISBN 978-7-5560-9014-3

Ⅰ. ①每… Ⅱ. ①李… ②常… Ⅲ. ①语文课 – 学前教育 – 教学参考资料 Ⅳ. ①G613.2

中国版本图书馆CIP数据核字(2018)第269618号

每个孩子都能学好语文

李怀源　　常青藤爸爸 / 著
责任编辑 / 傅一新　　陈　晶　　马瑞芬
特约编辑 / 姚　兰　　马学梅
装帧设计 / 钮　灵　　美术编辑 / 魏孜子
出版发行 / 长江少年儿童出版社
经销 / 全国新华书店
印刷 / 深圳当纳利印刷有限公司
开本 / 880×1230　　1 / 32　　8.25印张
版次 / 2019年3月第1版第3次印刷
书号 / ISBN 978-7-5560-9014-3
定价 / 45.00元

策划 / 海豚传媒股份有限公司 (19032733)
网址 / www.dolphinmedia.cn　　邮箱 / dolphinmedia@vip.163.com
阅读咨询热线 / 027-87391723　　销售热线 / 027-87396822
海豚传媒常年法律顾问 / 湖北珞珈律师事务所　王清　027-68754966-227
图片来源 / 视觉中国　　123RF